青少年数字媒介素养研究

孙婧 著

华中科技大学出版社
中国·武汉

内 容 提 要

本书包括"绪论""回望历史：数字媒介素养的概念流变与理论框架""现状分析：我国青少年学生数字媒介素养水平""他山之石：数字媒介素养教育实践的比较研究""远景展望：对数字媒介素养教育未来发展的思考与建议"五部分内容，在论述提升青少年学生数字媒介素养的时代背景与现实意义的基础上，回顾辨析了数字媒介的概念内涵及其演变过程，开发了数字媒介素养测评工具，调查分析了我国青少年学生数字媒介素养现状，介绍了英美等国开展数字媒介素养教育的优秀案例与成功经验，探讨并提出了未来我国深入开展数字媒介素养教育的建议。

图书在版编目(CIP)数据

青少年数字媒介素养研究／孙婧著．－－武汉：华中科技大学出版社，2024.5.
ISBN 978-7-5772-1262-3

Ⅰ．G206.2

中国国家版本馆CIP数据核字第2024E2T548号

青少年数字媒介素养研究　　　　　　　　　　　　　　　　　孙　婧　著
Qingshaonian Shuzi Meijie Suyang Yanjiu

策划编辑：杨　玲　肖丽华
责任编辑：林珍珍
封面设计：王　琛
责任校对：张汇娟
责任监印：周治超

出版发行：华中科技大学出版社(中国·武汉)　　　电话：(027)81321913
　　　　　武汉市东湖新技术开发区华工科技园　　　邮编：430223
录　　排：华中科技大学惠友文印中心
印　　刷：武汉科源印刷设计有限公司
开　　本：710mm×1000mm　1/16
印　　张：9
字　　数：166千字
版　　次：2024年5月第1版第1次印刷
定　　价：68.00元

　　　　　本书若有印装质量问题，请向出版社营销中心调换
　　　　　全国免费服务热线：400-6679-118　竭诚为您服务
　　　　　版权所有　侵权必究

前言

随着移动互联网、大数据、虚拟现实、元宇宙、人工智能等新型数字媒介技术的兴起，人类社会的各个领域都发生了颠覆性的变革，传统的生产方式、产业分工格局、人类生活方式和社会交往方式被全面改写，社会进入"万物皆媒"的媒介化时代。从宏观视角来看，数字媒介素养日益成为个体适应媒介化生存的必备素养；从微观视角来看，数字媒介素养是个体应对未来人工智能挑战的关键能力。与此同时，教育领域的数字化转型趋势也对学生的数字媒介素养提出了要求，只有那些具有较强数字媒介素养的学生才能充分利用数字化的教育环境与资源实现有效学习。显然，对数字媒介素养及其培养路径的研究具有重要的现实价值和时代意义。

对于数字媒介素养教育这一时代命题，我国学者已经做了初步探索，并取得了一定的成果，但是现有研究主要关注的还是数字媒介素养水平的现状调查及影响因素分析，对于青少年学生数字媒介素养课程的研究还处在理论建构与阐释阶段，对于如何设计符合智媒时代特征和要求的课程目标、如何制定有效提升青少年学生数字媒介素养的科学举措、如何探究影响青少年学生数字媒介素养能力发展的内在机制等问题，现有研究尚未给出有效的解决方案和决策建议。此外，也鲜有研究采用科学研究范式实践和改进青少年学生数字媒介素养课程并评估其有效性。因此，有必要厘清智媒时代数字媒介素养的要素及特点，建构青少年学生数字媒介素养测评框架，以合理有效地开展评估，并据此更加科学地推进数字媒介素养教育。

  本书旨在建构智媒时代青少年学生数字媒介素养测评框架并开发相应的测评工具，为相关实证研究提供支撑，并在分析我国青少年学生数字媒介素养状况的基础上，通过文献研究和具体实践探讨数字媒介素养课程建设，以期为中小学以及高等学校媒介素养课程体系建设提供新的理论支撑和思路。

  本书为2023年度教育部哲学社会科学研究后期资助项目"智媒时代青少年学生数字媒介素养现状与培养路径研究"（23JHQ089）的成果。

目录

第一章 绪论 /1

第一节 研究背景 /1

一、数字媒介素养是适应媒介化生存的基本条件 /1
二、数字媒介素养是应对人工智能挑战的关键能力 /3
三、数字媒介素养是推进教育数字化的必然要求 /4

第二节 文献综述 /5

一、媒介素养的测量研究现状 /5
二、媒介素养教育现状 /6
三、媒介素养课程研究现状 /8

第三节 研究意义 /10

第四节 研究内容 /10

第二章 回望历史：数字媒介素养的概念流变与理论框架 /13

第一节 概念起源与发展 /13

一、何为媒介 /13

二、何为素养 /14

三、何为媒介素养 /16

四、何为数字媒介素养 /18

第二节 评估框架的发展 /21

一、组织机构发布的评估框架 /22

二、专家学者提出的测评框架或模型 /41

第三章 现状分析：我国青少年学生数字媒介素养水平 /53

第一节 现有研究回顾 /54

第二节 研究方法 /59

一、研究对象 /59

二、研究工具 /60

三、数据分析 /62

第三节 研究结果 /62

一、数字媒介素养量表的信度与效度 /62

二、小学生数字媒介素养的描述性统计及差异 /66

三、城乡学生在个人和家庭因素上的差异 /66

四、个人和家庭因素对城乡学生数字媒介素养的影响 /68

第四节 讨论 /69

一、城乡小学生数字媒介素养的差异 /69

二、个人和家庭因素对小学生数字媒介素养发展的影响 /73

第五节 结论 /76

第四章 他山之石：数字媒介素养教育实践的比较研究 /79

第一节 中小学阶段国内外数字媒介素养教育的优秀案例 /79

一、美国媒介素养中心的媒介素养课程 /79

  二、英国的OCR GCSE（9-1）Media Studies课程 /84
  三、加拿大Media Smarts开设的课程 /88
  四、中国的"媒介素养教程三部曲" /91
  五、国内外中小学数字媒介素养教育课程的特点 /96
 第二节 大学阶段国内外数字媒介素养教育的优秀
     案例 /101
  一、美国知名大学的数字媒介素养课程 /101
  二、英国知名大学的数字媒介素养课程 /105
  三、中国知名大学的数字媒介素养课程 /110
  四、国内外大学数字媒介素养课程的特点 /112

第五章 远景展望：对数字媒介素养教育未来发展的思考与建议 /117

 第一节 对数字媒介素养教育未来发展的思考 /118
  一、视角转向：由媒介赋能到媒介"去能" /118
  二、模式转型：从"纸上谈兵"到具身学习 /119
  三、评价升级：建立数字媒介素养评价体系 /120
  四、师资进阶：提升教师的数字媒介素养 /121
 第二节 对数字媒介素养教育未来发展的建议 /122
  一、协调顶层设计，营造有利于开展数字媒介素养教育的
    政策环境 /122
  二、纳入国家课程体系，切实提升数字媒介素养教育的关注度与
    影响力 /123
  三、加强教师培训，培养一支具备较强数字媒介素养的教师
    队伍 /123
  四、倡导多元主体参与，打造家校社协同的数字媒介素养教育
    模式 /124
  五、深化教学研究，为数字媒介素养教育实践落地提供科学
    指导 /125

参考文献 /126

第一章 绪论

第一节 研究背景

一、数字媒介素养是适应媒介化生存的基本条件

习近平总书记指出:"全媒体不断发展,出现了全程媒体、全息媒体、全员媒体、全效媒体,信息无处不在、无所不及、无人不用。"[①]如今,媒介早已不再是受制于社会结构的子系统,其通过对社会生活全方位、全时空的渗透与嵌入,成为人类生存的基础性框架,推动人类文明进入媒介化生存阶段。[②]时至今日,恐怕很少有人会否定这样一个观点,即当今社会已经进入了一个"万物皆媒"的媒介化时代。

为应对时代变化与未来发展的多项需要,各国际组织或经济体纷纷推出了各自的21世纪核心素养框架,"数字素养""信息素养"等与数字媒介素养相似或相关的概念被多次提及。[③]例如,OECD核心素养框

[①] 习近平在中共中央政治局第十二次集体学习时强调 推动媒体融合向纵深发展 巩固全党全国人民共同思想基础[N]. 人民日报,2019-01-26(01).

[②] 孙玮. 媒介化生存:文明转型与新型人类的诞生[J]. 探索与争鸣,2020(6):15-17,157.

[③] 师曼,刘晟,刘霞等. 21世纪核心素养的框架及要素研究[J]. 华东师范大学学报(教育科学版),2016,34(3):29-37,115.

架将核心素养划分为"互动地使用工具""在社会异质群体中互动""自主行动"三个类别,其中"互动地使用工具"具体包括"互动地使用语言、符号与文本""互动地使用知识与信息""互动地使用技术",这与数字媒介素养所关注的运用数字媒介获取、评价、使用信息的能力密切相关。④再如,欧盟的《终身学习核心素养:欧洲参考框架》明确将数字素养作为核心素养之一,并进一步指出,基本的语言、文字、数学、信息能力是终身学习的基础。⑤美国的"21世纪技能"框架也十分重视个体对媒介化社会的适应,把"信息、媒体和技术技能"(对应信息素养、媒介素养、ICT素养)列为三大核心素养之一。⑥由此可见,数字媒介素养是个体适应媒介化时代的必备品格和关键能力,这一点已经得到了全球大多数组织和经济体的认同。

作为生来便被新媒体技术包围的"数媒土著",当代青少年群体受到数字媒介的深刻影响和形塑,他们长期活跃于媒介内容使用、创作和传播领域,借助各类新媒体平台参与网络互动,呈现出"无人不网、无时不网、无处不网"的媒介化生存样态。⑦然而,由于缺乏必要的引导与教育,我国青少年数字媒介素养的整体水平并不高。⑧这导致他们在享受高效便捷的网络交互体验的同时,也在一定程度上被数字媒介支配和剥离。部分青少年过度沉迷于媒介提供的表层信息和通俗娱乐,陷入全民狂欢的假象中,丧失了独立思考与理性批判的能力。具体来看,青少年数字媒介素养方面的不足主要体现在以下三个方面:一是强烈的媒介应用意识和薄弱的信息分辨能力共在;二是趋高的媒介信赖倾向和嬗变的舆论从众心理共存;三是感性的媒介价值认知与失范的网络道德行为同生。

总之,在"万物皆媒"的媒介化时代,为适应媒介化生存方式,个体需要具备一定的数字媒介素养,如此才能充分利用深度嵌入社会生活

---

④ OECD. The Definition and Selection of Key Competencies: Executive Summary[EB/OL].[2024-04-14].http://www.oecd.org/pisa/35070367.pdf.

⑤ European Commission. Key Competences for Lifelong Learning: European Reference Framework[EB/OL].[2024-04-14].https://www.britishcouncil.org/sites/default/files/youth-in-action-keycomp-en.pdf.

⑥ The Partnership for 21st Century Skills. Framework for 21st Century Learning Definitions [EB/OL]. [2024-02-14]. https://www.battelleforkids.org/wp-content/uploads/2023/11/P21_Framework_DefinitionsBFK.pdf.

⑦ 王肖,赵彦明."Z世代"大学生媒介化生存的审视与应对[J].思想理论教育,2022(3):90-95.

⑧ 周圆林翰,宋乃庆,沈光辉.中学生媒介素养测评模型构建与应用研究[J].中国教育学刊,2023(11):44-48.

乃至人类自身的数字媒介，同时避免陷入过度信任和依赖数字媒介的主体性危机。

二、数字媒介素养是应对人工智能挑战的关键能力

2022年末，美国OpenAI公司推出了生成式人工智能聊天机器人ChatGPT，引发了人们对"机器取代人类""技术变革社会"等话题的热议。事实上，人工智能技术早在20世纪60年代就已出现并广泛融入我们的日常生活。比如，机器翻译、人脸识别、个性化信息推送等都是人工智能技术的具体应用。既然如此，同为人工智能的ChatGPT又为何会引起如此巨大的反响呢？其关键就在于ChatGPT并不是针对特定工作、情境、人群而设计的狭义人工智能（artificial narrow intelligence，又称弱人工智能），而是具备处理跨领域复杂问题能力的通用人工智能（artificial general intelligence，又称强人工智能），其所代表的通用模型表现出了像人类一样思考和回答问题的能力，具有之前人工智能所不具备的创作能力，实现了从量变到质变的飞跃。⑨

通用人工智能的出现意味着未来将会有大批工作岗位因人工智能的"入侵"而消失，其中不仅包括在线客服、流水线装配工等从事重复性机械劳动的职业，还包括作家、画家、律师、股票经理等"高端"职业。例如，在ChatGPT推出后不久，美国传媒巨头BuzzFeed即宣布裁员12%，并计划用人工智能代替员工来编辑文章和协助商业运营操作。

但必须指出的是，由于人工智能具体运作过程不可知、不可解释的"黑盒"特点，以及其在价值观、情感等方面的缺失或不完善性，人工智能尚不能在实践中广泛地取代人的作用。在这一前提下，人机协同被普遍认为是充分发挥人工智能作用的关键途径，而人机协同的核心机制是人在回路(human in the loop)，即让人类参与到人工智能的运作过程当中，由人类决定人工智能生成结果的规范与标准，并对生成结果提供实时反馈与调整意见。对当代青少年而言，也即对将与人工智能共生共存的未来公民而言，合伦理、合法律、高效率地获取、评价、使用人工智能提供的信息和创造的产品的能力将成为他们适应时代发展所应具备的关键能力，而这也是本书所要探讨的数字媒介素养的核心要素。

---

⑨ 吴砥,李环,陈旭.人工智能通用大模型教育应用影响探析[J].开放教育研究,2023,29(2):19-25,45.

三、数字媒介素养是推进教育数字化的必然要求

教育数字化转型是当前教育改革与发展的核心议题。⑩教育部将"实施教育数字化战略行动"列入2022年工作要点,提出要"加快推进教育数字转型和智能升级"。⑪习近平总书记也指出,"教育数字化是我国开辟教育发展新赛道和塑造教育发展新优势的重要突破口"⑫。

在概念内涵上,教育数字化指的是以互联网、物联网为载体,以数据资源为关键要素,数字技术与教育要素深度融合,推动教育变革创新的过程。⑬在具体实践中,教育数字化主要包括教学环境的数字化,即依托智能化学习平台、国家智慧教育平台等普及智慧课堂,打破教育的时空限制,形成时时、处处、人人可学的泛在学习新形态;包括教学资源的数字化,依托智能教材、数字课程等形式⑭⑮,创造出整合文字、图像、音频、视频等多模态信息的互动性教学资源,提升学习内容的趣味性与可理解性,满足学生个性化的学习需要,同时促进跨学科、跨领域知识的结合;包括教、学方式的数字化,依托教学环境与资源的数字化,数字化的教学将打破标准化、统一化的传统模式,实现从标准化向个性化的转变,数字化的学习将走出"教师讲、学生听"的逻辑定式,实现从被动接受向主动探究的转变。

显然,教育数字化转型的推进是以数字媒介技术对教育领域全方位全要素的渗透为基础的,而与此同时,学生对数字媒介所呈现的语言、文字、图片、视频、音频、数字技能、基本编辑等信息综合体的选择能力、理解能力、质疑能力、评估能力、创造和生产能力以及思辨能力,也即数字媒介素养,将成为决定教育数字化转型能否有效推进的核心因素。只有那些具有数字媒介素养的学生才能有效利用数字化的教育环境与资源开展人机互动、人机协同,推动教育数字化落地生根。

---

⑩ 祝智庭,胡姣.教育数字化转型的实践逻辑与发展机遇[J].电化教育研究,2022,43(1):5-15.

⑪ 教育部.教育部2022年工作要点[EB/OL].[2024-04-14].http://www.moe.gov.cn/jyb_sjzl/moe_164/202202/t20220208_597666.html.

⑫ 习近平在中共中央政治局第五次集体学习时强调 加快建设教育强国为中华民族伟大复兴提供有力支撑[N].人民日报,2023-05-30(001).

⑬ 袁振国.教育数字化转型:转什么,怎么转[J].华东师范大学学报(教育科学版),2023,41(3):1-11.

⑭ 李锋,盛洁,黄炜.教育数字化转型的突破点:智能教材的设计与实现[J].华东师范大学学报(教育科学版),2023,41(3):101-109.

⑮ 孙燕,李晓锋.教育数字化转型背景下的数字教材发展需求、现状与对策[J].中国大学教学,2023(12):85-91.

综上，培养青少年的数字媒介素养不仅是适应媒介化生存的基本条件，也是应对人工智能挑战的关键能力，还是推进教育数字化的必然要求，对数字媒介素养及其培养路径的研究具有重要的现实价值和时代意义。

第二节 文献综述

数字媒介素养的概念起源于20世纪30年代英国学者利维斯和汤姆森提出的媒介素养，起初旨在应对当时英国日渐肤浅和低俗的媒介环境对青年人产生的负面影响。此后，各国学者和研究机构立足于本国国情，在批判性理论文化研究、批判性教育学理论、批判性媒介研究理论、新媒介素养理论、媒介理论以及实用主义理论等基础上，对媒介素养的概念内涵、测量评估、课程组织等开展了深入的研究。下面简要介绍媒介素养的测量研究现状、媒介素养教育现状、媒介素养课程研究现状。

一、媒介素养的测量研究现状

媒介素养的测量研究起步较早，但由于国内外学者在媒介素养指标及其内涵界定方面存在明显差异，所以绝大多数实证研究缺乏共同的研究基础，这在一定程度上影响了后续的深入发现。[16]根据传统的测量理论，媒介素养的测量是指利用一套计量尺度去反映被试对象在媒介素养特质上的水平或强度。媒介素养测量、实证研究分别可以追溯到奎因（Quin）和麦马汉（Mcmahon）、霍布斯（Hobbs）和弗罗斯特（Frost）的研究。[17][18]奎因和麦马汉从政治和教育目的出发设计了一个用于测量学生媒介分析技能(media analysis skills)的测量工具，而霍布斯和弗罗斯特在此基础上进行了媒介素养教学干预效果的检验，他们的研究证明了媒介素养可以通过社会实证研究方法进行测量。近几年，学者们基于媒介素养基本理论和媒介素养教育的实际需要，开始重视并深入研究媒介素养的测量问题。在已有相关研究中，中小学生是国内外媒介素养测量研究的主要对象，针对大学生这一群体并经过严格检验的测量工具并不多见。

基于传统测量理论和经典检验理论，量表的检验主要指信度和效度

---

[16] 李金城. 媒介素养测量量表的编制与科学检验[J]. 电化教育研究, 2017, 38(5): 20-27.

[17] Quin R, Mcmahon B. Evaluating standards in media education[J]. Canadian Journal of Educational Communication, 1993, 22(1): 15-25.

[18] Hobbs R, Frost R. Measuring the acquisition of media-literacy skills[J]. Reading Research Quarterly, 2003, 38(3): 330-355.

的检验。信度即测量结果的可靠性,针对的是测量结果受测量误差影响的程度。效度即测量结果的准确性,针对的是测量工具测量得到的构想的程度,效度越高,测量的结果就越能显现其所要测量内容的真正特质。信效度检验使用的核心工具是探索性因子分析和内部一致性检验,在结构方程模型(SEM)得以广泛应用的基础上,可以同时分析量表的因子结构、信度与效度,即验证性因子分析。[19]探索性因子分析的目的在于发现量表中所包含的因子结构,主要用于量表结构的理论假设,而验证性因子分析是对理论假设的验证,主要考察采样数据与理论假设模型的拟合程度。目前,人们已经能够熟练地使用探索性因子分析与验证性因子分析进行量表的检验。

上述文献表明:在媒介素养能力要素的研究方面,大多数研究成果是针对特定群体的现状进行调查研究,而较少涉及媒介素养测评框架的论证研究。近年来,尽管学界对中小学生、教师、公务员等群体的媒介素养测评颇有关注[20][21][22],但多局限于单一维度的分析和介绍,如呈现受测群体媒介接触、媒介认知或媒介道德调查的现状,且针对大学生群体的媒介素养测评研究并不充分。

二、媒介素养教育现状

从世界范围看,通过学校教育为媒介素养教育赋能是提升公民媒介素养的重要途径,国外学校的专业媒介素养教育经历了从保护、干涉再到开放的基本理念的变迁,理论范式建构从单一走向多元,且本土化特色明显。[23]各国均重视媒介素养课程建设,美国的媒介素养教育起步较晚,但其发展速度惊人,特别是在课程领域,美国几乎所有的州都设置了媒介素养课程,并明确了媒介素养课程标准。美国于1990年制定的媒介素养课程标准,将媒介教育分为四个阶段,即儿童、初中、高中、成人,致力于实现媒介素养的终身教育。英国是媒介素养教育的起点,目前英国已经将媒介素养课程列为学校正式教学科目,并设有详细的课

---

[19] 徐晖明.论媒介公信力指标研究中构成式测量与反映式测量的误用[J].新闻与传播研究,2015,22(6):20-34,126-127.

[20] 徐文佳.城镇小学生媒介素养现状及提升策略研究[D].天津:天津师范大学,2016.

[21] 潘有志.高职高专院校教师媒介素养调查[J].继续教育研究,2012(1):69-71.

[22] 张宏树,王思雨.武陵山地区基层干部媒介素养调查研究[J].广西民族大学学报(哲学社会科学版),2018,40(1):57-61.

[23] 白传之.公众媒介素养指数初探[J].青年记者,2014(33):36-37.

[24] 大卫·帕金翰,宋小卫.英国的媒介素养教育:超越保护主义[J].新闻与传播研究,2000(2):73-79.

程标准和评价体系。在课程设置上，英国媒介素养课程分为融合式课程和选修独立课程。在中小学(5—16岁)阶段，媒介素养教育主要与英语、信息与传播技术、公民教育、历史、地理等学科通过各种专题的形式加以整合。同时，14岁以上的学生还要学习独立的媒介素养课程——媒介研究(media studies)以及电影研究(film studies)课程。这些课程由国家统一制定课程标准，并设置为由基础教育过渡到高等教育的升学考试(GCSE Alevel)科目之一。加拿大的媒介素养课程体系完备，具有地方特色，实施效果较好。为了保护本土文化，抵御美国流行文化的冲击，加拿大积极推行媒介素养教育。在课程理念上，加拿大实施的媒介素养教育主要强调对公民质疑媒介以及媒介信息能力与意识的培养，引导公民发掘媒介产品背后隐藏的经济、政治、社会因素，辨别媒介信息暗含的意识形态和价值取向。在课程设置上，加拿大媒介素养课程实施的主要手段是把媒介素养教育理念融入中小学的英语语言课程中。目前，加拿大各省都已经将媒介素养教育融入英语语言课程之中。

我国的媒介素养教育发展相对缓慢，在媒介素养课程建设方面还需要更多的努力和探索。目前，国内媒介素养教育发展主要分为两部分：一是在香港和台湾地区，媒介素养教育发展相对迅速和完善，其从中小学到高校，都采取专业研究人员、媒体从业人员和学校教师协同努力、开放办学的新课程模式进行教育教学；二是复旦大学、北京大学、东北师范大学等国内重点高校先后发起了发展和推动高校媒介素养教育的活动。例如，2007年复旦大学新闻学院举办"传播与中国"复旦论坛(2007)，并出版了《"传播与中国"复旦论坛(2007)：媒介素养与公民素养论文集》㉕；东北师范大学于2012年正式成立了"数字教育媒体传播研究所"，致力于开展我国学校媒介素养课程建设的研究。同时，国内相关机构也积极开展了一些媒介素养会议，并出版了年度《中国媒介素养研究报告》，对我国开展媒介素养教育产生了巨大的推动作用。同时国内学者借鉴国外较为成熟的媒介素养培养体系，将国内大学生的媒介素养课程大致分为两类：一类是单独开设的公共课程；另一类是融合式课程。

上述文献表明：国内外媒介素养教育以独立课程或融入其他学科的形式成为中小学学校教育内容，各大高校中的媒介素养课程则以公共选修课、公共必修课或学科专业课的形式为主。在发达国家，媒介素养课程受到普遍重视，已经被多个国家纳入正规的国家教育体系。相较之

㉕ 倪琳. 中国小学媒介素养调查及课程实施策略——一份来自上海的报告[C]. 传播与中国·复旦论坛媒介素养与公民素养论文集,2007(12):276.

下，我国的媒介素养课程建设尚处于起步和探索阶段，相关教育法规和规范标准仍不完善，课程的组织与实施也缺乏系统性。

三、媒介素养课程研究现状

已有研究对中小学生媒介素养教育的课程理念、课程目标、目标定位、内容设置、课程评价等做了一定的理论与实践探索。[26]有学者通过总结和借鉴国内外媒介素养课程开发较为成熟的国家和地区的成功经验，界定了我国小学媒介素养课程的课程理念及相应的课程目标，指出课程目标包括了解与认识媒体与媒体工具、筛选媒介信息、评判媒介资源、参与媒体互动、创作媒介产品等六个维度[27]，并在后续研究中，基于此课程目标，提出了小学媒介素养"晶体"课程评价及其评价设计。[28]在具体实践方面，中国传媒大学张洁等人组成的团队于2008年正式开展了媒介素养教育校本课程的实验。[29]他们以北京市东城区黑芝麻胡同小学为例，确定该校五年级学生为实验对象，编制了《媒介素养教育实验课课程纲要》，课程讲授工作主要由张洁本人和参与课题的7位讲师负责。课题组将五年级的5个班划分为实验班（4个班）和对照班（1个班），运用定性与定量相结合的方法对学生的课堂活动、课后作业的完成情况、课堂内容的掌握情况以及学生和教师对课程内容、授课方法的态度等进行了全面且深入的评价。课题组分别对实验班与对照班学生的媒介知识水平和批判思维技能进行了前、中、后三次测量，编制了三份难度相同的"媒介知识测试"试卷，制定了详细的试卷评分标准，每份试卷由两人以上分别评分，取平均分入数据库。本课题研究跟张洁等人的团队所做研究的主要区别在于：将大学生作为研究对象，对大学生媒介素养课程进行有效性评估，探索提升大学生媒介素养的能力要素。

近年来，随着媒介素养教育的不断发展，其重要性已逐渐被人们认识并得到了人们的重新审视。学习媒介素养知识，发展媒介素养能力，

---

[26] 曹宁燕,熊霞余.中小学媒介素养教育实践的调查与分析——基于中国知网的相关案例[J].中小学信息技术教育,2020(11):45-47.

[27] 陈晓慧,张哲,赵鹏.基于公民教育视域的我国小学媒介素养课程标准与目标设计研究[J].中国电化教育,2013(7):6-12.

[28] 吴靖,陈晓慧,张煜锟.小学媒介素养"晶体"课程评价及实践研究[J].中国电化教育,2015(2):12-20,28.

[29] 张洁,毛东颖,徐万佳.媒介素养教育实践研究——以北京市东城区黑芝麻胡同小学为例[J].中国广播电视学刊,2009(3):33-34.

成为21世纪教育的共识。㉚相较于中小学生，大学生群体有着更强的求知欲和好奇心、更丰富的媒介信息获取渠道，但繁杂信息背后的多元价值取向也已逐渐渗透到大学生的工作、生活和学习中。㉛智媒时代，对媒介的认知、对媒介内容的甄别和判断、对媒介的有效使用和运作，已成为当代大学生的基本生存能力和生活技能，直接关系到大学生的社会生活质量。媒介素养的缺失将深刻影响大学生的媒介化生存。㉜2022年，高校毕业生人数首次突破1000万人，规模和增量均创历史新高。在信息技术飞速发展、高校毕业生人数激增的背景下，大学生媒介素养教育不仅是大学生适应社会自我发展的需要，更是一项社会性的重要战略与工程，影响着社会稳定和国家发展。㉝高校应当发挥智力资源密集、教育资源丰富的优势，承担起大学生媒介素养教育的重任。㉞近些年，国内许多高校，如北京大学、复旦大学、东北师范大学等，已经陆续成立与媒介素养相关的研究所，以期为我国媒介素养教育发展贡献力量。

　　以上文献表明：在基础教育阶段，学界对媒介素养课程的建设已进行了初步研究；在高等教育阶段，国内外学者明确了大学生媒介素养教育的重要性，但在媒介素养课程的开设情况、媒介素养课程目标的达成度、媒介素养课程评析、媒介素养测评等方面还缺乏系统而深入的探讨。

　　综上，尽管我国学者已经开始关注媒介素养课程建设这一时代命题，但是现有关于青少年学生媒介素养的研究大多数停留在数字媒介素养水平的现状调查及影响因素分析层面，对青少年学生数字媒介素养课程的研究也侧重于理论建构与阐释，对于如何设计符合智媒时代特征和要求的课程目标、如何界定有效提升青少年学生媒介素养的科学举措、如何探究影响青少年学生媒介素养能力发展的内在机制等问题，尚未给出有效的解决方案和决策建议。此外，也较少有研究采用科学研究范式探究青少年学生媒介素养课程的有效性。因此，有必要厘清智媒时代下

　　㉚ 陈晓慧,王晓来,张博.美国媒介素养定义的演变和会议主题的变革[J].中国电化教育,2012(7):19-22,28.

　　㉛ 李传义.媒介化生存中大学生媒介素养教育的机制探索[J].教育理论与实践,2018,38(15):43-45

　　㉜ 刘庆庆,杨守鸿,包晗,等.融媒体时代高校研究生媒介素养教育探索[J].学位与研究生教育,2018(3):27-32.

　　㉝ 王晓蕊.5G时代大学生媒介素养教育的新问题与对策[J].编辑学刊,2020(6):94-98.

　　㉞ 李晓蕙.全媒体时代高校加强媒介素养教育的价值与路径[J].中国高等教育,2020(Z2):55-57.

数字媒介素养的要素及其特点，建构青少年学生数字媒介素养测评框架，以合理有效地开展评估并据此设计更加有效的数字媒介素养课程。

第三节 研究意义

本研究的内容既是当前媒介素养教育研究领域关注的热点问题，也是在我国大力推进提升国民媒介素养这一时代背景下亟待解决的客观难题，具有一定的理论和实践意义。

1.理论意义

第一，厘清智媒时代背景下媒介素养的概念与内涵，探究提升青少年学生媒介素养的重要价值和实现路径，这也是对国内外传统媒介素养理论研究的扩展和丰富。

第二，明晰青少年学生媒介素养能力要素，建构智媒时代青少年学生媒介素养测评框架，为当前有关青少年学生媒介素养课程的实证研究提供新的支撑。

第三，通过探索中小学以及高等学校媒介素养课程，提升青少年学生媒介素养水平的内在机制，提出相应的实现路径，为现有中小学以及高等学校媒介素养课程体系建设提供新的理论支撑和思路。

2.实践意义

第一，从课程开发角度探讨媒介素养课程建设，增强媒介素养课程有效性，以适应智媒时代的发展，为提升青少年学生媒介素养水平奠定坚实的基础。

第二，本研究产出的理论成果可以应用于中小学以及高等学校的媒介素养课程开发实践，对于教师进行媒介素养课程开发以及在实践中开展媒介素养教学具有重要的借鉴意义和参考价值。

第三，剖析当前学校在媒介素养课程开发的理论与实践方面存在的问题与不足，促使学校进一步改进和完善当前青少年学生媒介素养教育工作。

第四节 研究内容

本书旨在建构智媒时代青少年学生数字媒介素养测评框架并开发相应的测评工具，以期为相关的实证研究提供新的支撑，并在分析我国青少年学生数字媒介素养状况的基础上通过文献研究和具体实践探讨数字媒介素养课程建设，以期为中小学以及高等学校媒介素养课程体系建设提供新的理论支撑和思路。

在具体内容上，本书的第一章为"绪论"，着重论述提升青少年学生数字媒介素养的时代背景与现实意义。第二章"回望历史：数字媒介素养的概念流变与理论框架"从概念起源出发，对数字媒介的内涵进行了辨析，回顾了现有研究关于数字媒介素养是什么、如何测度、为什么要培养，以及应该如何培养的理解与观点，为后续研究的开展奠定基础。"没有调查就没有发言权"，为深入探讨数字媒介素养课程的建设问题，有必要对我国青少年学生数字媒介素养状况进行调查与分析。本书的第三章以"现状分析：我国青少年学生数字媒介素养水平"为题，开发并应用青少年学生数字媒介素养测评工具，并据此对我国青少年数字媒介素养现状进行分析。为防止数字媒介素养课程建设落入"闭门造车"的窠臼，本书的第四章以"他山之石：数字媒介素养教育实践的比较研究"为题，挑选美国、英国、加拿大以及我国的青少年学生数字媒介素养教育优秀案例加以介绍，并总结归纳了各案例的共同特点，以期为本研究的课程开发提供经验借鉴。本书的第五章以"远景展望：对数字媒介素养教育未来发展的思考与建议"为题，针对数字媒介素养教育的具体实践与未来研究提出建议。

第二章 回望历史：数字媒介素养的概念流变与理论框架

第一节 概念起源与发展

一、何为媒介

在讨论数字媒介素养或者媒介素养之前，我们首先需要对"媒介"这一概念具有一定的认识。

在汉语语境中，"媒"字始见于秦朝的小篆文字，《说文解字》中有记载："媒：谋也，谋合二姓。"可见，"媒"最初指的是撮合男女婚事的人，也即媒人。"介"字始见于商朝的甲骨文，是象形字，四短画象征片片皮革连成的甲衣，原意为人披甲衣。人披甲衣，则人在其中，因而引申出"夹在中间""居中传言（的人）"的意思，例如《孔丛子·杂训》中有"白闻士无介不见，女无媒不嫁"。[①]"媒介"二字合用作为一个固定搭配，主要指的是使双方发生关系的人。例如晋代的杜预在《左传·桓公三年》的注解中写道："公不由媒介，自与齐侯会而成昏（通'婚'），非礼也。"五代刘昫的《旧唐书·张行成传》中也有"观古今用人，必因媒介"的记载。尽管我国早于西方数百年发明了雕版和

---

① 谷衍奎.简明汉字源流字典[M].北京：华夏出版社，2022.

活字印刷术，出现了世界上最早的报纸"邸报"，但直到晚清、民国时期，"媒介"概念所指代的对象才逐渐从起介绍、联系作用的"人"拓展到"物"，其内涵开始接近现代词义。②

英语中对应媒介这一概念的单词为media，现意为用于交流、传播信息的手段或工具。英语词源词根字典Etymonline显示，media起源于拉丁语的medium，最初的含义是"中间、中央"。在17世纪初，medium逐渐延伸出"传递力量或品质的介质"和"中间代理、沟通渠道"的含义。例如，牛顿的著作中曾提及，以太是使重力的传导得以实现的、无法为人类所感知的"媒介"（medium）。③随着谷腾堡发明的金属活字印刷术的推广和应用，西方出现了把口语和文字视作传播手段的思想。到18世纪末，medium开始被广泛用于表示印刷出版物，书籍、报纸是当时最主要的指代对象。随着20世纪以来现代电子技术的产生与发展，以报纸、电影、广播为代表的所谓"大众传播"，对人们形成社会现实的过程具有决定性的影响，因此将媒介等同于传播媒体，也就成了理解媒介的主流想法。④

总之，英语语境中的"媒介"概念更突出使人与物或物与物之间发生关系的手段、工具、物质，而汉语语境中的"媒介"概念在此基础上还包括使人与人之间建立联系的人的含义。二者虽有差异，但核心都在于经由自身使双方建立起某种联系。本研究所讨论的媒介主要指代的是那些能够承载、运输信息，并以此沟通人与人、人与事、人与物的工具，也即信息传播媒介，如报刊、电视、网络等。

二、何为素养

无论是媒介素养还是数字媒介素养，其落脚点都在"素养"上，所以我们需要进一步理解"素养"这个概念。

在汉语语境中，"素养"这个词最早可以追溯到汉朝。一方面，"素养"指的是经常修习涵养。例如，班固在《汉书·眭两夏侯京翼李传》中写道："马不伏历，不可以趋道；士不素养，不可以重国。"宋代陆游在《上殿札子》中写道："气不素养，临事惶遽。"另一方面，"素养"可以指平素所豢养。例如，范晔在《后汉书·袁绍刘表列传》中写道："越有所素养者，使人示之以利，必众来。"显然，如今的"素养"概念主要是

---

② 于成.媒介观念史论[M].北京:社会科学文献出版社,2022.

③ Peters J D.Speaking into the Air: A History of the Idea of Communication[M]. Chicago: University of Chicago Press, 1999.

④ 吉见俊哉.媒介文化论:给媒介学习者的15讲[M].苏硕斌,译.台北:台湾群学出版社,2009.

第二章 回望历史：数字媒介素养的概念流变与理论框架

从"经常修习涵养"这一意思中演变而来。在《现代汉语词典》中，"素养"的定义为：平日的修养，如艺术素养。[5]除了艺术、文化、道德等词也经常和"素养"一词搭配使用，如文化素养、道德素养等。

我国在20世纪80年代提出要开展"素质教育"。那"素质"与"素养"又有什么区别呢？在心理学中，"素质"指的是人生来就有的某些生理解剖特点，尤其是神经系统、脑的特点。在教育学中，"素质"的内涵相对丰富。刘家丰在其《素质教育概论》中指出，"素养，是通过先天和后天的诸多因素形成的，但它侧重于后天的教养、修养。素养是素质的一部分，人的素质是由先天形成的自然素质和后天形成的素养组成的"。[6]从这个角度来看，"素质"与"素养"是包含与被包含的关系。在这里，我们暂不讨论"素质"所指的范围，但可以明确的是，相较于先天生成，"素养"更侧重于后天养成，而这也正意味着"素养"是可教的。综合来看，我们可以将"素养"理解为个体通过后天的学习、训练和实践形成的综合能力。

20世纪90年代末，作为教育概念的"素养"成为热词，一直流行至今。"素养"概念的流行与一个国际性项目有关。1997年底，经济合作与发展组织（Organization for Economic Co-operation and Development，OECD）在瑞士联邦统计局（Swiss Federal Statistical Office，SFSO）和美国国家教育统计中心（National Center for Education Statistics，NCES）的支持下启动了"素养的界定与遴选：理论与概念基础"（Definition and Selection of Competencies: Theoretical and Conceptual Foundations，简称De Se Co）项目，拉开了关于核心素养研究的序幕。在核心素养研究如火如荼开展的同时，也引发了人们对"素养"概念的讨论。不过，核心素养的"素养"在英文中对应的是competency。除了competency，在不同的语境中，人们还会经常看见其他指代素养的词，如literacy、ability、skill、capability等。具体到媒介素养的语境中，"素养"主要用的是literacy一词。英文中的literacy源自literate，指的是读写能力。literate源自拉丁语的literatus（也作litteratus），最初指的是有教养的、有学问的、懂得字母的人，在18世纪末特指对文学很熟悉的人，在19世纪末通常指具有读写能力的人，其反义词illiterate即人们所说的"文盲"。综合来看，英文中的literacy指的是个体在读写、学问、文化、教养等方面的能力。

总之，汉语语境中的"素养"指的是个体通过后天的学习、训练和实践形成的综合能力，而英语语境中的"素养"（literacy）侧重于读写、

---

[5] 中国社会科学院语言研究所. 现代汉语词典[M]. 北京：商务印书馆，1999.

[6] 刘家丰. 素质教育概论[M]. 北京：中国档案出版社，2001.

文学方面的能力。显然，汉语语境中"素养"的内涵更为宽泛，但二者的核心都是后天养成的能力。本研究将"素养"界定为，个体通过后天的学习、训练和实践形成的某种能力。

三、何为媒介素养

"媒介素养"是一个地地道道的舶来词，为深入理解其内涵，有必要了解这一概念的形成背景和发展过程。"媒介素养"的概念源自媒介教育或媒介素养教育，前者是后者的目的与内容。[7]

媒介教育最早可以追溯到20世纪30年代英国文学批评家弗兰克·雷蒙德·利维斯（Frank Raymond Leavis）和他的学生丹尼斯·汤普森（Denys Thompson）提出的一种教育形式，其旨在保护未成年人免受电影、广播、报刊中流行的庸俗的、低水平的大众文化的"腐蚀"。在这种"保护主义"的媒介教育中，学生被视为媒介不良影响的易感人群，难以抵制媒介的各种不良影响，而教师能够帮助学生获得分析和辨别媒介内容的能力，促使他们摆脱媒介中的消极与不良影响。与之相对应，最初的"媒介素养"的概念也披上了一层浓厚的"保护主义"色彩，指的是学生能够防范大众传媒的错误影响和腐蚀，自觉追求符合传统精神的美德和价值观。[8]

到20世纪60年代，随着人们对媒介功能认识的提高，以及大众文化与市民生活的日益融合，人们开始反思对媒介的强烈抵制态度。例如，英国文化研究学派代表人物威廉斯指出，对于文化这个概念，困难之处在于我们必须不断扩展其意义，直到其与我们的日常生活几乎成为同义。加拿大传播学家马歇尔·麦克卢汉（Marshall McLuhan）在他的著作《理解媒介：论人的延伸》一书中也指出，媒介文化已经把传播和文化凝聚成一个动力学的过程，将每一个人都裹挟其中。在这一时期，文化的内涵不再局限于阳春白雪的永恒"经典"，世俗的"全部的生活方式"也被认为是文化的重要组成部分。在这一前提下，一味排斥大众文化、不加选择地批判作为大众文化主要载体的大众媒介，就不再那么理所应当了。[9]与之相对应，媒介素养的内涵也发生了变化，由全面批判大众媒介的"保护主义"倾向转变为判断、理解、欣赏大众媒介的"适度开放"倾向。

到了20世纪七八十年代，随着结构主义符号学和文化霸权理论的

---

[7] 卜卫. 论媒介教育的意义、内容和方法[J]. 现代传播,1999(1):29-33.

[8] 大卫·帕金翰,宋小卫. 英国的媒介素养教育:超越保护主义[J]. 新闻与传播研究,2000(2):73-79.

[9] 袁军. 媒介素养教育的世界视野与中国模式[J]. 国际新闻界,2010,32(5):23-29.

第二章 回望历史：数字媒介素养的概念流变与理论框架

兴起，大众媒介在影响人的意识形态方面的巨大作用被明确揭示出来。这些理论指出，媒介在传递信息的同时也在输出某种特定的思想、观点和价值观，影响着人们的意识，左右着人们看问题的角度以及对客观事物的认识。在一个通过大众媒介（电视、广播、网络）相互联系的世界中，人们对世界的认知几乎完全依赖于媒介传递的信息，但这些信息事实上是被媒介传播者所选择过、解释过的，并不总是忠实地反映客观事实，因而极易造成媒介对公众的误导。在这一背景下，媒介教育的主要目的就是赋予人们"破译"或"解密"媒介所建构的现实的能力。与之相对应的媒介素养的内涵即为不盲信媒介信息，并通过系统化分析发现、获取、利用其背后隐含的客观信息的能力。[10]

受制于当时的主流媒介形式（电视、电影、广播、报刊等），普通人群鲜有机会参与媒介的创作与传播过程，因此，这一时期媒介素养的内涵主要是对媒介信息的理解、甄别和判断，并不强调媒介的创作过程。但是，随着20世纪90年代以来计算机及互联网的普及，所有人都被赋予了创造与传播媒介信息的能力，相关能力也开始被纳入媒介素养的内涵之中。[11]例如，美国于1992年召开的媒介素养领袖会议将媒介素养界定为获取、分析、评估和交流各种形式信息的能力。我国首位系统介绍媒介素养教育的学者卜卫认为，媒介素养应包括对基础媒介知识和如何使用媒介的了解，以及判断媒介信息的意义和价值、创造和传播信息、利用大众传媒发展自己的能力。[12]

历经数十年的发展，媒介素养的内涵不断丰富和扩展。综观当下国内外不同学者、组织对媒介素养的内涵界定不难发现，虽然在媒介（素养）教育领域尚未形成对媒介素养的统一表述，但其内涵大都包括对媒介信息的选择、理解、批判、评估、创造等能力。例如，欧洲委员会将媒体素养定义为获取使用媒体、理解和批判性评估媒体和媒体内容的不同方面以及在各种环境中进行沟通的能力。英国媒介素养教育专家大卫·帕金翰（David Buckingham）认为，人们对媒介素养的讨论应该集中在信息上，关键问题是定位、使用、评价和生产信息。英国电影学院媒体教育学家卡里·巴扎尔格特（Cary Bazalgette）认为，媒介素养旨在帮助人们掌握有效使用媒介表达自己思想的能力。[13]英国媒体监督机

---

[10] 大卫·帕金翰,宋小卫.英国的媒介素养教育:超越保护主义[J].新闻与传播研究,2000(2):73-79.

[11] 卜卫.论媒介教育的意义、内容和方法[J].现代传播,1999(1):29-33.

[12] 卜卫.论媒介教育的意义、内容和方法[J].现代传播,1999(1):29-33.

[13] 赵丽,张舒予.媒介素养研究热点及趋势分析——基于教育学、新闻学与传播学 CSSCI(2012—2013)来源期刊数据[J].电化教育研究,2015,36(5):17-25.

构英国通信管理局（Office of Communication, Ofcom）提供了一个关于媒介素养的清晰简洁的定义，即在各种环境中获取、理解和创造交流的能力。[14]美国媒介素养中心（Center for Media Literacy）将媒介素养界定为，人们面对各种媒介信息时的选择能力（ability to choose）、理解能力(ability to understand)、质疑能力(ability to question)、评估能力(ability to evaluate)、创造和生产能力(ability to create and produce)以及思辨的反应能力(ability to respond thoughtfully)。加拿大安大略媒介素养协会（the Association for Media Literacy）在《媒介素养资料索引》（*The Media Literacy Resource Guide*）中将媒介素养描述为：对大众媒介的本质特征、大众媒介所使用的技术和这些技术的影响的一种明智的、具有批判性的理解力；更明确地说，媒介教育旨在增强学生理解和欣赏媒介产品的能力，使他们了解媒介如何传输信息、媒介自身如何运作、媒介如何架构现实，并具备创作媒介产品的能力。[15]

综合来看，随着社会时代的变迁和媒介工具的进步，媒介素养教育的侧重点发生了相应的变化，与此同时，媒介素养的内涵也得到了相应的拓展。媒介素养教育的重点从最初抵御大众媒介的负面影响，发展为判断、理解和欣赏大众媒介，到现在参与媒介环境与媒介创作。相应地，媒介素养的内涵从获取、理解媒介信息拓展为选择、理解、评估和创造媒介及媒介信息的能力。因此，本研究将媒介素养界定为获取、理解、评估和创造媒介及媒介信息的能力。

四、何为数字媒介素养

数字媒介素养的概念起源于媒介素养。随着媒介信息的激增和数字技术的发展，人们还提出了信息素养、ICT素养和数字素养等概念。这些概念都涉及个人对数字媒体的认识、对媒介信息的理解以及对信息技术的运用。然而，这些概念应用于不同的研究领域。例如，信息素养起源于图书情报和信息科学，ICT素养起源于计算机科学，数字素养主要应用于图书情报学和教育学。本研究以现有的媒介素养、信息素养、ICT素养、数字素养等概念为基础，提出了一个更加全面的、更适用于教育领域的数字媒介素养的概念。

信息素养（information literacy）的概念最早由美国信息技术产业协

---

[14] Buckingham D. Digital media literacies: Rethinking media education in the age of the Internet[J].Research in Comparative and International Education,2007,2(1):43-55.

[15] 约翰·庞杰特,于亚卓. 第二次浪潮:加拿大中学的媒介素养教育[EB/OL].(2011-09-14)[2024-01-18]. https://rirt.cuc.edu.cn/2011/0914/c3801a93252/page.htm.

会（American Information Industry Association）主席保罗·泽考斯基（Paul Zurkowski）于1974年提出，他将信息素养界定为利用各种信息工具及主要信息来源解决问题的技术和技能。1987年，信息学家帕特丽夏·布雷维克（Patrieia Breivik）将信息素养定义为：了解信息的系统，鉴别信息价值，选择获取信息的最佳渠道，掌握获取和存储信息的基本技能。[16]1989年，美国图书馆协会（American Library Association, ALA）提出具有信息素养的人，能够判断什么时候需要信息，懂得如何获取信息、如何评价和有效利用所需信息。[17]信息时代的到来要求大众除了学会识字，还要学会识别和利用信息。21世纪以来，提升公民的信息素养成为国际共识。2003年，联合国教科文组织（UNESCO）与美国全国图书馆和情报科学委员会（NCLIS）、美国国家信息素养论坛（NFIL）在捷克首都布拉格联合召开国际信息素养专家会议，会议发布了题为"走向具有信息素养的社会"的《布拉格宣言》，指出信息素养是一种能够确定、查找、评估、组织和有效地生产、使用和交流信息并解决问题的能力。2005年，国际图书馆协会联合会（IFLA）和联合国教科文组织（UNESCO）在埃及亚历山大联合召开了信息素养与终身学习高级研讨会，会议发布了《关于信息素养和终身学习的亚历山大宣言》，提出信息素养和终身学习是信息社会的灯塔，而信息素养是终身学习的核心。发展至今，人们对于信息素养的概念基本达成共识，即个体有效获取、评估、交流、开发信息并利用信息解决问题的能力。

ICT素养（ICT literacy）这一概念起源于计算机科学领域，早期也被称为计算机素养。艾伦·马丁（Allan Martin）将计算机素养的概念分为三个阶段，即掌握阶段（20世纪60年代至20世纪80年代中期）、应用阶段（20世纪80年代中期至90年代末）和反思阶段（20世纪90年代后期开始）。[18]在掌握阶段，计算机素养侧重于对于计算机编程知识的熟悉程度，认为写过计算机程序的人是具有计算机素养的人。随着计算机的大规模使用，在应用阶段，计算机素养的重点发生了转变，从掌握计算机相关专业知识发展为使用计算机的实践能力。在反思阶段，人们逐渐意识到使用信息技术需要更多的批判性、评估性和反思性思维，因此计算机素养的概念被进一步拓展，既包括读写、计算、批判性思维、解决问题等关键的认知技能，也包括技术技能和知识的应用技能。美国

---

[16] 张倩苇. 信息素养与信息素养教育[J]. 电化教育研究, 2001(2):9-14.

[17] American Library Association: Presidential Committee on Information Literacy[EB/OL]. [2024-01-18].http://www.ala.org/acrl/infolit.html.

[18] Martin A. Literacies for the digital age: Preview of Part 1. In: Martin A. & Madigan D. (Eds.), Digital Literacies for Learning, 2013-03-25.

教育考试服务中心（Educational Testing Service，ETS）指出，ICT素养是使用数字技术、通信工具或网络来获取、管理、整合、评估和创造信息，从而在知识社会中发挥作用。[19]玛格达莱娜·克拉罗（Magdalena Claro）等人认为，ICT素养是在数字环境中解决信息、通信和知识问题的能力。[20]总的来看，ICT素养指的是个体对计算机等数字技术或通信工具的认识、应用和反思的能力。

数字素养（digital literacy）的概念最早由保罗·吉尔斯特（Paul Gilster）于1997年提出，他认为具备数字素养的学生拥有一套特定的信息技能（如评价、搜索等），这些技能适用于互联网文本和多媒体信息，并处于正式的、以学校为基础的学习环境中。[21]数字素养的概念诞生于数字媒体和信息技术迅速发展的背景下，在早期的概念界定中就已经超越了听、说、读、写等基础的技能范畴。数字素养的概念提出后，日益成为人们文化和经济活动参与的核心。欧盟委员会曾指出，数字素养正在迅速成为创造、创新和创业的先决条件，没有数字素养，公民就无法充分参与社会，也无法获得21世纪生活所必需的技能和知识。[22]艾伦·马丁（Allan Martin）将数字素养界定为个人的意识、态度和能力，即在特定的生活环境中，恰当地使用数字工具和设施来识别、获取、管理、整合、评估、分析和综合数字资源，建构新知识，创造媒体表现形式，并与他人交流，以促成建设性的社会行动，以及对这一过程进行反思。[23]埃里克·迈尔斯（Eric M.Meyers）等人在关于数字素养的讨论中，强调了认知权威、隐私安全、创造力、道德规范以及负责任地使用数字媒体等问题。[24]综合来看，数字素养在信息技能的基础上关注个体的数字意识、数字态度和数字能力，要求个体不仅具备使用技术工具的能力，而且具有关于适当使用的规范和实践的知识。

---

[19] Educational Testing Service. Digital transformation: A framework for ICT literacy[EB/OL].[2024-01-21].https://www.ets.org/Media/Research/pdf/ICTREPORT.pdf.

[20] Claro M, Preiss D D, San Martín E, et al.Assessment of 21st century ICT skills in Chile: Test design and results from high school level students[J].Computers & Education,2012,59(3):1042-1053.

[21] Gilster P. Digital Literacy[M]. New York: John Wiley,1997.

[22] European Commission. eLearning: Better eLearning for Europe Directorate General for Education and Culture[R]. Luxembourg:Office for Official Publications of the European Communities,2003.

[23] Martin A. A European framework for digital literacy[J].Nordic Journal of Digital Literacy,2006,1,151-161.

[24] Meyers E M, Erickson I, Small R V.Digital literacy and informal learning environments: An introduction[J]. Learning, Media and Technology, 2013,38(4):355-367.

在上述概念的基础上，数字媒介素养这一概念被提出。霍布斯（Hobbs）将数字媒介素养界定为全面参与媒介高度饱和、信息丰富的社会所必需的生活技能，包括做出负责任的选择和获取信息、分析各种形式的信息、创造各种形式的内容、反思自己的行为和相关传播行为以及采取社会行动的能力。[25]帕克（Park）指出，数字媒介素养涉及设备和内容两个方面，包括获取、理解和创造三个层面。他还强调，当前社会需要一个更加积极的数字媒介素养概念，人们不仅要学会阅读和理解媒介信息，还要学会创造和参与媒体环境。[26]张慧（Hui Zhang）和朱常（Chang Zhu）从操作层面对数字媒介素养进行界定，认为数字媒介素养是一种能力或技能的集合，包括技术技能、批判性理解、创造和沟通以及公民参与四个层面。[27]综合来看，数字媒介素养作为一个综合性概念，包括对数字媒介工具和媒介信息的认识、理解和评价，同时强调对数字资源的获取和创造，以及在数字环境中的交流和参与。此外，数字媒介素养可以帮助学生在数字时代实现全面发展和核心素养的提升，更好地生活。总之，数字媒介素养是一个非常适用于教育领域、与数字时代发展相适应的概念。在本研究中，我们将数字媒体素养定义为遵守安全和道德准则地使用数字设备来获取媒体信息、对信息进行批判性评估并表达自己观点的能力。

第二节　评估框架的发展

数字媒介素养的相关研究始于1933年，当时英国学者利维斯（Levis）等人在《文化环境：培养批判意识》一文中首次使用了"媒介素养"的概念，指出媒介对青少年可能造成负面影响，需要对信息进行识别和批判。经过九十多年的发展，数字媒介素养研究涉及众多方面，但关于数字媒介素养评估的研究仍处于初步发展阶段。基于对数字媒介素养概念的解析，我们不难发现，虽然媒介素养、信息素养、ICT素养、数字素养等概念在具体描述和侧重点上略有不同，但其核心含义是相互交织的。因此，本节对媒介素养、信息素养、ICT素养和数字素养的典型评估框架进行简要梳理。

[25] Hobbs R. Digital and media literacy: A plan of action[EB/OL].[2024-01-06].https://www.aspeninstitute.org/wp-content/uploads/files/content/docs/Digital_and_Media_Literacy.pdf.

[26] Park S. Dimensions of digital media literacy and the relationship with social exclusion[J]. Media International Australia, 2012,142(1):87-100.

[27] Zhang H, Zhu C.A study of digital media literacy of the 5th and 6th grade primary students in Beijing[J].The Asia-Pacific Education Researcher, 2016,25(4):579-592.

一、组织机构发布的评估框架

笔者对国际各组织机构发布的媒介素养、信息素养、ICT素养和数字素养评估框架进行了整理,基本信息如表2-1所示。

表2-1 国际各组织机构发布的评估框架

序号	框架名称	发布机构	发布时间
1	媒介素养水平评估标准	欧盟委员会	2009;2011
2	全球媒介与信息素养评估框架	联合国教科文组织	2013
3	高等教育信息素养能力标准 高等教育信息素养框架	美国大学与研究图书馆协会	2000; 2015
4	高等教育信息素养七大支柱模型	英国国家和大学图书馆协会	2011
5	国际计算机和信息素养评估框架	国际教育成就评价协会	2013;2018/ 2023
6	欧盟数字素养框架 DigComp1.0 DigComp2.0 DigComp2.1 DigComp2.2	欧盟委员会联合研究中心	2013 2016 2017 2022
7	数字素养全球框架	联合国教科文组织	2018
8	数字智商能力图谱	数字智联	2018

1. 欧盟委员会的媒介素养水平评估标准

2007年12月,欧盟委员会修订《电视无国界指令》并将之更名为《视听媒体服务无国界指令》(*Audiovisual Media Service without Frontiers*)。该指令区分了线性(传统的电视广播节目)和非线性(新兴的点播节目)两类视听服务,在松绑线性服务的同时,为受众提供了更多的权利和便利。2010年欧洲议会和欧盟理事会颁布的《视听媒体服务指令》(*Audiovisual Media Services Directive*),是目前欧盟视听服务的重要规制依据。该指令在延续《电视无国界指令》和《视听媒体服务无国界指令》大部分规制思路的同时,针对点播服务及互动技术对传统电视服务的影响制定了更为详细的规制框架。[28]《视听媒体服务指令》是欧盟建立媒介素养评价标准的开端,随后的4年中相继发表两份有关欧盟成员国媒介素养水平评估的报告。

2009年,欧盟委员会发布《媒介素养水平评估标准研究》(*Study on As-*

---

[28] 史林.数字时代的英国传媒内容规制初探[J].新闻战线,2017(10):142-145.

sessment Criteria for Media Literacy Levels)㉙，其核心目标包括以下几点。

① 为欧盟委员会提供一套测量媒介素养水平的标准。

② 为欧盟27个国家提供媒介素养水平的评估工具。

③ 评估不同的媒介素养水平和政策对成员国和整个欧洲的社会和经济影响。

④ 为欧洲提出具有可行性的政策措施，以便于成员国实施。

欧盟委员会媒介素养专家组提出了媒介素养能力测评框架图，如图2-1所示，金字塔的底部是媒介素养发展的必要前提及其影响因素，即环境因素。第二个层次则阐述了个人能力，个人能力反作用于金字塔顶端的社会能力，使得个人能够充分参与媒介社会活动。

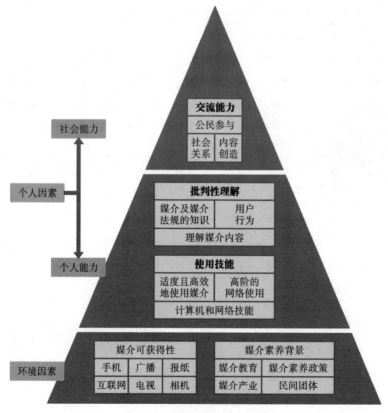

图2-1　媒介素养能力测评框架㉚

㉙ Celot P. Study on assessment criteria for media literacy levels[R]. Brussels: European Commission, 2009.

㉚ Celot P. Study on assessment criteria for media litcracy levels[R]. Brussels: European Commission, 2009.

欧盟委员会于2011年发布了第二份媒介素养水平评估报告，目的是对在2009年报告中制定的媒介素养能力测评指标和标准进行定性审查和统计验证，对原有的媒介素养能力测评框架进行修订。㉛本次报告对2009年报告中的"个人因素"部分进行了修订，最终形成的评价指标如表2-2所示。

表2-2 欧盟媒介素养能力测评修订指标

一级维度	二级维度	具体指标
使用技能	计算机和网络技能	计算机技能；网络技能
	适度且高效地使用媒介	网络使用；报刊使用；出席电影院；阅读书籍；移动手机使用；电视、广播、电子游戏等
	高阶的网络使用	网络购物；阅读网络新闻；网上银行
批判性理解	理解媒介内容以及它的功能	文本阅读；文本分类；辨别内容；重要的元素、网站分类、媒体平台/系统分类
	媒介及媒介法规的知识	媒介集中、媒介监管意见、违反法律的知识、电视上报道的攻击性材料、规则与权利、观念的分水岭、网络监管、著作/使用权
	用户行为	关键字搜索、多方验证信息真实性、个人信息
交流能力	社会关系	用户创建内容、社交网站
	公民参与	互联网合作、以用户为中心、公民参与活动、使用电子政务
	内容创造	媒体制作技巧、创造性体验、用户创建的内容

2. 联合国教科文组织的全球媒介与信息素养评估框架

2013年，联合国教科文组织（UNESCO）发布了《全球媒介与信息素养评估框架：国家准备与能力》（*Global Media and Information Literacy Assessment Framework: Country Readiness and Competencies*）㉜，提

㉛ EAVI. Testing and refining criteria to assess media literacy levels in Europe[M]. Brussels: European Commission, 2013.

㉜ UNESCO. Global Media and Information Literacy Assessment Framework: Country Readiness and Competencies[R]. Paris: UNESCO, 2013.

出了媒介信息素养（media information literacy，MIL）评估框架。该媒介信息素养评估框架由两部分组成，分别是国家准备（Country Readiness）部分和能力（Competencies）部分，具体如表2-3所示。媒介信息素养中的国家准备指的是国家层面上对MIL计划的准备程度和能力，其包含五个层面，即教育（education）层面、政策（policy）层面、设备支持（supply）层面、获取和使用（access and use）层面以及民间团体（civil society）层面。媒介信息素养中的能力针对的是所有公民，具体包含三个维度，即获取和检索（access and retrieval）、理解和评估（understanding and evaluation）、创造和分享（creation and sharing）。此外，媒介信息素养中的能力是三个认知要素的组合，即知识、态度和技能。

表2-3 UNESCO的MIL评估工具表

第一部分：MIL国家准备	
对MIL计划的准备程度和能力	教育
	政策
	设备支持
	获取和使用
	民间团体
第二部分：MIL能力	
MIL能力矩阵	获取和检索
	理解和评估
	创造和分享

媒介信息素养中的能力指标常用于描述MIL的个人能力水平，MIL评估框架提出了3个能力要素、12个主题内容和12项具体表征，如表2-4所示。

表2-4 MIL的能力要素、主题内容和具体表征

能力要素	主题内容	具体表征
获取（access）能识别需求，搜索、访问以及检索信息和媒体内容	信息需求的定义与表述	通过多种资源确定和阐明信息与媒介（内容）的性质、作用和范围
	信息和媒介内容的搜索与定位	搜索和定位信息及媒介内容

续表

能力要素	主题内容	具体表征
	获取信息、媒介内容和接触媒体与信息提供者	以有效、高效和合乎伦理的方式访问信息和媒介内容及其提供者
	检索以及储存信息和媒介内容	利用多种方法和工具检索，暂时储存信息和媒介内容
评价（evaluation） 理解、评估和评价 信息和媒介	理解信息和媒介	理解社会中媒体和信息提供者的必要性
	评价信息和媒介内容	获取、分析、比较、描述并应用信息评估标准与信息源
	对媒介和信息提供者的评价	评估和鉴别社会中的媒介和信息提供者
	组织信息和媒介内容	综合与组织所收集信息和媒介内容
创造（creation） 创建、利用和监督 信息与媒介内容	知识的创新和创造性表达	为了特定目的以革新、合乎伦理和创造性的方式创作和生产新信息和媒介内容
	以合乎伦理和有效的方式交流信息、媒介内容和知识	利用合适的渠道和工具以合乎伦理、合法及有效的方式交流信息、媒介内容和知识
	作为积极的公民参与社会公共活动	与媒介和信息提供者以多种合乎伦理、有效和高效的方式沟通并进行自我表现、跨文化对话和实现民主参与
	监督信息、媒介内容、知识生产和使用以及提供者的影响	监督所创造和传播的信息、媒介内容、知识及其提供者的影响

3. 美国大学与研究图书馆协会的高等教育信息素养框架

2000年，美国大学与研究图书馆协会（Association of College and Research Libraries，ACRL）审议通过《高等教育信息素养能力标准》（*Information Literacy Competency Standards for Higher Education*）[33]，引起全球广泛关注。该标准包含5项能力标准、22项表现指标和87项成果指标。高等教育信息素养能力标准及表现指标如表2-5所示。[34]

表2-5 高等教育信息素养能力标准及表现指标

能力标准	表现指标
具有信息素养能力的学生能决定所需要的信息种类和程度	·能选定并连通所需要的信息 ·能确认各种不同类型和格式的潜在的信息源 ·能考虑获取所需要信息的成本和利益 ·能（在检索后）重新评估自己需要哪些信息以及如何筛选信息
具有信息素养能力的学生能高效地获取所需要的信息	·能选用最适当的探究方法或检索系统获取所需要的信息 ·能建构和完善有效的搜索策略 ·能运用各种方法检索在线信息或个人信息 ·必要时能优化搜索策略 ·能写出摘要、记录和管理信息及其来源
具有信息素养能力的学生能批判性地辨别信息及其来源，并能将遴选出来的信息与原有的知识背景和评价系统相结合	·能从所收集的信息中概括出中心思想 ·能运用原始的标准来评价信息及其来源 ·能围绕一个中心梳理不同信息间的联系，并提出新观点 ·能对新旧知识进行对比，确认所增加的价值、矛盾性或其他别具一格的信息特点 ·能判断新的知识是否对个人价值观体系产生影响，并采取措施谋求和而不同 ·能够通过与他人或者某一领域的专家、实践者对话，验证自己对信息的理解和解读 ·能确定原始的信息检索需求、策略、系统应该如何调整

---

[33] Association of College and Research Libraries.Information Literacy Competency Standards for Higher Education[R]. Chicago:ACRL,2000.

[34] 何高大."美国高等教育信息素养能力标准"及其启示[J]. 现代教育技术,2002(3): 24-29,78.

续表

能力标准	表现指标
具有信息素养能力的学生，无论是作为个体还是团体的一员，都能有效地利用信息达到某一特定目的	·能用新旧知识创造新的计划、新的作品和表现形式 ·能修改发展程序以满足作品或表现形式的需要 ·能与他人有效地交流作品或其表现形式
具有信息素养能力的学生懂得有关信息技术的使用所产生的经济、法律和社会问题，并能在获取和使用信息的过程中遵守公德和法律	·懂得与信息和信息技术有关的道德、法律和社会经济问题 ·遵守法律、规章、团体制度，以及有关获取和使用信息资源的网络行为规范 ·能在交流作品或表现形式中使用信息来源

随着信息技术的发展以及社会环境的变化，2011年7月，ACRL开始着手修订高等教育信息素养能力标准，经过三版修订后，《高等教育信息素养框架》（Framework for Information Literacy for Higher Education）于2015年正式发布，见表2-6。㉟该框架按照6个要素建构信息素养体系，每个要素包含一个信息素养的核心概念、一组知识技能，以及一组行为。它以"阈概念"（threshold concepts）作为信息素养的组成部分，并通过"知识技能"（knowledge practices）和"行为方式"（dispositions）两个元素反映培养目标。其中，"阈概念"指那些在任何学科领域中，为增强理解、思考以及实践方式起通道或门户作用的理念；"知识技能"体现了学习者增强对信息素养概念理解的方式；"行为方式"描述了处理对待学习的情感、态度或评价维度的方式。

表2-6 高等教育信息素养框架

阈 概 念	内 容
权威的建构性与情境性 (authority is constructed and contextual)	信息资源反映了创建者的专业水平和可信度，人们基于信息需求和使用情境对其进行评估。权威的建构取决于不同团体对不同类型权威的认可。权威适用于一定的情境，因为信息需求有助于确定所需的权威水平

㉟ 高等教育信息素养框架[R/OL].[2024-01-24].https://www.ala.org/acrl/sites/ala.org.acrl/files/content/standards/framework-chinese.pdf.

续表

阈 概 念	内 容
信息创建的过程性 (information creation as a process)	任何形式的信息都是为了传递某个消息而生成的，并通过特定的传送方式实现共享。研究、创造、修改和传播信息的迭代过程不同，最终的信息产品也会有差异
信息的价值属性 (information has value)	信息拥有多方面的价值，它可以是商品、教育手段、影响方式，也可以是谈判和认知世界的途径。法律和社会经济利益影响信息的产生和传播
探究式研究 (research as inquiry)	在任何领域，研究都是永无止境的。研究的进行依赖于越来越复杂的或新的问题的提出，而获得的答案反过来又会衍生更多问题或探究思路
对话式学术研究 (scholarship as conversation)	由于视角和理解各异，不同的学者、研究人员或专业人士团体会不断将新见解和新发现注入持续的学术对话中
战略探索式检索 (searching as strategic exploration)	信息检索往往是非线性且迭代反复的，需要对广泛的信息源进行评估，并随着新认识的形成，灵活寻求其他途径

4. 英国国家和大学图书馆协会的高等教育信息素养七大支柱模型

1999年，英国国家和大学图书馆协会（Society of College, National and University Libraries，SCONUL）提出了高等教育信息技能七项指标模型，为学习者从信息技能新手成长为信息素养专家提供指引。2011年4月，《高等教育信息素养七大支柱模型》（*The Seven Pillars of Information Literacy: Core Model For Higher Education*）发布㊱，该模型的7个一级指标，可以细分为49个二级指标，为高等教育领域学生信息素养的培养提供专业指导，具体如表2-7所示。

㊱ SCONUL Working Group on Information Literacy. The Seven Pillars of Information Literacy: Core Model For Higher Education[EB/OL].[2024-01-24].https://access.sconul.ac.uk/sites/default/files/documents/coremodel.pdf.

表 2-7　高等教育信息素养七大支柱模型

一级指标	定　义	二级指标
识别 (identify)	能够识别个人对信息的需求	·发现在某一领域缺乏的知识 ·确定搜索主题/问题，并使用简单的术语进行定义 ·具备融会贯通知识的能力 ·分辨能够满足信息需求的信息和数据，并确定信息需求的限度 ·运用已有信息作为检索基础 ·对自己的信息检索行为负责 ·有效率地完成信息检索工作
界定 (scope)	能够获取现有知识并找出差距	·找出目前缺乏的信息内容 ·明确哪类信息最能满足需求 ·了解适用于不同级别的通用或特定主题资源的检索工具 ·辨别信息类型的差异 ·具备使用现有新工具的能力
规划 (plan)	能够建构查找信息和数据的策略	·用适当的语言明确界定检索问题的范围 ·使用适当的关键词、概念、定义和查询限制来确定检索策略 ·选择最合适的搜索工具 ·运用控制词汇和主题分类进行信息检索 ·适当地运用检索技巧 ·确定适合各种信息需求的专业检索工具
获取 (gather)	能够找到并获取所需的信息和数据	·有效使用各种检索工具和资源 ·建构适合不同数字资源和印刷资源的检索方式 ·获得印刷资源和数字资源的全文信息 ·使用适当的检索技术收集数据 ·了解最新信息 ·与相关社群分享信息 ·发现尚未得到满足的信息需求 ·使用在线和印刷资源，并能寻求专家学者的帮助

续表

一级指标	定义	二级指标
评估 (evaluate)	能够回顾研究过程，比较和评估信息和数据	·区分不同的信息资源及其提供的信息 ·使用适当的标准，就检索主题选择合适的资料 ·评估信息来源的质量、准确性、相关性、公正性、声誉和可信度 ·评估所收集数据的可信度 ·谨慎判读信息，确定重点和论述 ·将查询到的信息与最初的检索策略联系起来 ·批判性地评估查询到的信息 ·把握结束查询信息的时机
管理 (manage)	能以专业和道德的方式组织信息	·运用书目软件管理信息 ·使用适当的参考文献样式引用纸本和电子资料 ·创建合适的参考书目格式 ·能够意识到与他人权利有关的问题，包括道德、数据保护、版权、剽窃和任何其他知识产权问题 ·符合学术诚信行为标准 ·使用适当的数据管理软件和技术管理数据
展示 (present)	能够运用所学知识展示研究成果，综合新旧信息和数据，创造新知识，并以各种方式传播这些知识	·利用找到的信息和数据来解决问题 ·以口语和书面的形式进行文件和报告总结 ·将新信息与现有知识相结合 ·适当地分析和展示数据 ·综合和评估不同来源的复杂信息 ·在各种格式中使用适当的写作风格进行交流 ·有效地进行口语交流 ·选择适当的出版物和传播渠道 ·恰当应用个人网络和数字技术（如讨论列表、社交网站、博客等）在社区中建立个人形象

5. 国际教育成就评价协会的国际计算机和信息素养评估框架

2013年，国际教育成就评价协会(International Association for the Evaluation of Educational Achievement，IEA)启动国际计算机和信息素养研究（the international computer and information literacy study，ICILS），调查全球范围内学生的计算机与信息素养能力。在此项研究中，计算机和信息素养（computer and information literacy，CIL）被定义为个人使用计算机进行调查、创造和交流，以有效参与家庭、学校、工作场所和社会活动的能力。根据此定义，国际计算机和信息素养评估框架分为两大类别七个方面，具体内容如表2-8所示。[37]

表2-8 国际计算机和信息素养评估框架（2013）

类　　别	方　　面
收集和管理信息 （collecting and managing information）	了解并理解计算机的使用
	获取和评估信息
	管理信息
生产和交换信息 （producing and exchanging information）	转换信息
	创造信息
	分享信息
	安全可靠地使用信息

2018年，ICILS研究团队对2013年的国际计算机和信息素养评估框架进行了修订，对其结构进行潜在改进。首先，将"了解并理解计算机的使用"和"安全可靠地使用信息"的所属类别进行调整；其次，考虑到年轻人越来越多地参与到发布、创造和分享信息的活动中，因此在CIL结构中进一步突出"分享信息"的地位。基于上述调整，IEA发布了2018年的国际计算机和信息素养评估框架[38]，该框架分为四个类别，每个类别涉及两个方面，也就是一共有八个方面。在2023年的国际计算机和信息素养评估框架[39]中，CIL的定义与前两轮保持一致，并且沿用

---

[37] ICILS.Assessment Framework[EB/OL].[2024-01-20].http://www.iea.nl/sites/default/files/2019-04/ICILS_2013_Framework.pdf.

[38] ICILS.Computer and Information Literacy Framework[EB/OL].[2024-01-24].https://link.springer.com/content/pdf/10.1007/978-3-030-19389-8_2?pdf=chapter％20toc.

[39] ICILS.International Computer and Information Literacy Study 2023 Assessment Framework[EB/OL].[2024-01-24].https://www.iea.nl/sites/default/files/2023-12/20231221％20ICILS 2023_Assessment_Framework__Final_0.pdf.

了2018年的国际计算机和信息素养评估框架，具体内容如表2-9所示。

表2-9　国际计算机和信息素养评估框架（2018/2023）

类　　别	方　　面
了解计算机的使用 （understanding computer use）	计算机使用基础
	计算机使用
收集信息 （gathering information）	获取和评估信息
	管理信息
生产信息 （producing information）	转换信息
	创造信息
数字交流 （digital communication）	分享信息
	安全可靠地使用信息

6. 欧盟数字素养框架

2013年，欧盟委员会联合研究中心（European Commission Joint Research Centre）发布了第一版欧盟数字素养框架。该框架共包含5个维度（见表2-10），其中维度1包括5个素养域，维度2为21种具体素养，维度3包括每种具体素养所要求的基础、中级、高级3种不同的熟练程度及其要求；维度4介绍了每种具体素养所需的知识、技能、态度方面的实例；维度5为每种具体素养提供了学习、工作、生活等不同情景中的案例描述。

表2-10　欧盟数字素养框架维度

维度名	内　　容
维度1	组成数字素养的素养域及概念
维度2	每个素养领域包含的具体素养及定义
维度3	每种具体素养不同熟练程度的要求
维度4	每种具体素养所需的知识、技能、态度方面的实例
维度5	每种具体素养在学习、工作、生活等不同情景中的案例

关于素养域的形成过程，数字素养项目成员对15个数字素养相关框架进行分析和提炼，总结出了7个素养域：信息管理（information management）、合作（collaboration）、交流与分享（communication and sharing）、内容与知识的创建（creation of content & knowledge）、道德与责任（ethics & responsibility）、评价与问题解决（evaluation & problem-solving）和技术操作（technical operations）。经过专家研讨，最终确定了5个素养域和21种具体素养，如表2-11所示。欧盟数字素养框架既包括对数字素养的理论阐释，也包括对提升数字素养的实践指导，对于全球公民数字素养的提升具有指导意义。

表2-11 欧盟数字素养框架（DigComp1.0）

素养域	具体素养
信息 （information）	·浏览、搜索、过滤信息 ·评估信息 ·存储和检索信息
交流 （communication）	·进行技术交互 ·分享信息和内容 ·获得网络公民身份 ·通过数字渠道进行合作 ·网络礼仪 ·管理数字身份
内容创造 （content creation）	·内容开发 ·整合和重新阐释 ·版权和许可 ·编程
安全意识 （safety）	·设备保护 ·个人数据保护 ·健康保护 ·环境保护
问题解决 （problem solving）	·解决技术问题 ·明确需求和技术应对 ·创新和创造性地使用技术 ·识别数字素养差距

随着全球数字化进程的加快，数字技术的发展对人们的数字素养提出了新的要求。2016年6月，《DigComp2.0:公民数字素养框架更新阶段1：概念参考模型》（*DigComp 2.0: The Digital Competence Framework for Citizens Update Phase 1: The Conceptual Reference Model*）报告发布，欧盟数字素养框架更新至2.0版本[40]（简称DigComp2.0），如表2-12所

---

[40] European Union.DigComp 2.0:The Digital Competence Framework for Citizens[EB/OL].[2022-11-30].https://padletuploads.blob.core.windows.net/prod/85010714/fb6b3feb93630893344c57ff64e5197a/DigiComp2_0.pdf.

示。DigComp2.0 对 DigComp1.0 的维度 1 和维度 2 的内容进行了升级。在维度 1 方面,DigComp2.0 将原来的"信息""交流"和"内容创造"3 个素养域调整为"信息与数据素养""交流与合作"和"数字内容创造"。在维度 2 方面,DigComp2.0 将浏览、搜索、过滤、评估、存储和检索的对象由"信息"拓展为"数据、信息和数字内容"(data, information and digital content),强调在交互、分享、公民参与等活动中"数字技术"(digital technologies)的使用,聚焦"数字内容"(digital content)的开发、整合和重新阐释,此外,还新增了"隐私保护"(protect personal privacy)和"社会福祉"(protect well-being)等内容。

表 2-12 DigComp2.0 的素养域和具体素养

素养域	具体素养
信息与数据素养 (information and data literacy)	·浏览、搜索和过滤数据、信息和数字内容 ·评估数据、信息和数字内容 ·管理数据、信息和数字内容
交流与合作 (communication and collaboration)	·利用数字技术交互 ·利用数字技术分享 ·利用数字技术参与公民活动 ·利用数字技术合作 ·网络礼仪 ·管理数字身份
数字内容创造 (digital content creation)	·数字内容开发 ·整合和重新阐释数字内容 ·版权和许可 ·编程
安全意识 (safety)	·设备保护 ·个人数据和隐私保护 ·健康保护和社会福祉 ·环境保护
问题解决 (problem solving)	·解决技术问题 ·明确需求和技术应对 ·创新和创造性地使用技术 ·识别数字素养差距

2017 年,《DigComp2.1:具有八个能力水平等级和使用示例的公民

数字能力框架》(*DigComp 2.1. The Digital Competence Framework for Citizens with Eight Proficiency Levels and Examples of Use*) 报告发布，欧盟数字素养框架更新至2.1版本㊶（简称DigComp2.1），在DigComp2.0的基础上，将DigComp1.0基础、中级、高级3种熟练程度进阶为基础、中级、高级和专业4种，并将其细化为8个能力等级（维度3）。此外，DigComp2.1还对21种具体素养在学习、就业等不同情景中的应用案例（维度5）进行了全面更新。2022年，《DigComp2.2：提供新的知识、技能和态度实例完善的公民数字能力框架》(*DigComp 2.2: The Digital Competence Framework for Citizens with New Examples of Knowledge, Skills and Attitudes*) 报告发布㊷，这一版本的数字素养框架（简称DigComp2.2）更新了21种具体素养在知识、技能和态度方面的实例（维度4）。

7. 联合国教科文组织的数字素养全球框架

为了提升世界各国人民的数字素养，帮助各国加强数字素养教育质量监测，联合国教科文组织以欧盟数字素养框架（DigComp2.0）为蓝本，广泛收集了全球不同发展水平的国家和地区的数据，增加了职业相关领域的调查，并通过相关专家的多轮审查，于2018年发布了数字素养全球框架。㊸

联合国教科文组织对数字素养进行了重新定义，指出数字素养是为了实现就业、体面工作和创业，通过数字技术安全适当地访问、管理、理解、整合、沟通、评估和创造信息的能力。这些能力包括以各种方式提到的素养，如计算机素养（computer literacy）、ICT素养（ICT literacy）、信息素养（information literacy）、媒介素养（media literacy）等。

基于上述关于数字素养的概念解读，联合国教科文组织提出了更为全面、更具普遍适用性的数字素养全球框架。该框架延续了Dig-

㊶ European Union.DigComp 2.1.The Digital Competence Framework for Citizens with Eight Proficiency Levels and Examples of Use [EB/OL].[2022-12-03].https://www.researchgate.net/publication/317013679_DigComp_21_The_digital_competence_framework_for_citizens_with_eight_proficiency_levels_and_examples_of_use/citation/download.

㊷ European Union.DigComp 2.2:The Digital Competence Framework for Citizens [EB/OL].[2022-12-03].https://pact-for-skills.ec.europa.eu/community-resources/publications-and-documents/digcomp-22-digital-competence-framework-citizens_en.

㊸ Nancy L,David W,Jimmy de la T,et al. A Global Framework of Reference on Digital Literacy Skills for Indicator 4.4.2[EB/OL].[2024-01-20].https://unesdoc.unesco.org/ark:/48223/pf0000265403.

Comp2.0 的维度划分，对素养域和具体素养进行了更新，形成了包含 7 个素养域和 26 项具体素养的框架，如表 2-13 所示。该框架增加了 2 个素养域，即设备与软件操作和职业相关素养。这 2 个素养域各包含 2 个具体素养。设备与软件操作的具体素养为：数字设备的物理操作（physical operations of digital devices），数字设备的软件操作（software operations in digital devices）；职业相关素养的具体素养包括：使用特定专业领域的数字技术（operating specialized digital technologies for a particular field），解释和运用特定领域的数据、信息与数字内容（interpreting and manipulating data, information and digital content for a particular field）。除此之外，该框架在问题解决域增加了计算思维（computational thinking）这一具体素养。

表 2-13　数字素养全球框架

素养域	具体素养
设备与软件操作 (devices and software operations)**	·数字设备的物理操作** ·数字设备的软件操作**
信息与数据素养 (information and data literacy)	·浏览、搜索和过滤数据、信息和数字内容 ·评估数据、信息和数字内容 ·管理数据、信息和数字内容
交流与合作 (communication and collaboration)	·利用数字技术交互 ·利用数字技术分享 ·利用数字技术参与公民活动 ·利用数字技术合作 ·网络礼仪 ·管理数字身份
数字内容创造 (digital content creation)	·数字内容开发 ·整合和重新阐释数字内容 ·版权和许可 ·编程
安全意识 (safety)	·设备保护 ·个人数据和隐私保护 ·健康保护和社会福祉 ·环境保护

续表

素养域	具体素养
问题解决 (problem solving)	·解决技术问题 ·明确需求和技术应对 ·创新和创造性地使用技术 ·识别数字素养差距 ·计算思维**
职业相关素养 (career-related competences)**	·使用特定专业领域的数字技术** ·解释和运用特定领域的数据、信息与数字内容**

注:**表示与DigComp2.0相比增加的内容。

8. 数字智联的数字智商能力图谱

2018年9月,世界经济论坛(World Economic Forum,WEF)联合数字智商研究所、经济合作与发展组织(OECD)以及IEEE标准协会(IEEE Standards Association)共同创建了数字智联(The Coalition for Digital Intelligence,CDI)。㊹CDI是一个由世界各地组织组成的跨部门网络合作联盟,旨在建立全球数字智商框架,提高全球公民的数字智商。通过分析总结全球20多个数字智商框架,CDI总结出数字智商的全球性框架——数字智商能力图谱,横纵交叉共包含24项基础能力,如表2-14所示。㊺

表2-14 CDI数字智商能力图谱

层次	领域							
	数字身份	数字使用	数字安全	数字保障	数字情商	数字交流	数字素养	数字权利
数字公民	数字公民身份	合理使用技术	网络风险行为管理	个人网络安全管理	数字移情	数字足迹管理	媒介和信息素养	隐私管理

㊹ 王佑镁,赵文竹,宛平,等.数字智商及其能力图谱:国际进展与未来教育框架[J].中国电化教育,2020(1):46-55.

㊺ DQ Institute.DQ Global Standards Report 2019:Common Framework for Digital Literacy, Skills and Readiness[EB/OL].[2024-02-01].https://www.dqinstitute.org/wp-content/uploads/2019/11/DQGlobalStandardsReport2019.pdf.

续表

层次	领域							
	数字身份	数字使用	数字安全	数字保障	数字情商	数字交流	数字素养	数字权利
数字创造力	数字联合创作者身份	健康使用技术	网络风险内容管理	公共网络安全管理	自我意识管理	在线交流与协作	内容创造与计算素养	知识产权管理
数字竞争力	数字变革者身份	数字参与	网络风险商业和社区管理	组织网络安全管理	关系管理	公共和大众传播	数据与人工智能素养	参与权管理

横向来看,可以将数字智商能力划分为8个领域:数字身份、数字使用、数字安全、数字保障、数字情商、数字交流、数字素养和数字权利,具体阐释如表2-15所示。

表2-15 数字智商能力的领域阐释

领域	阐释
数字身份(digital identity)	建立健康的在线和离线身份的能力
数字使用(digital use)	以合理、健康和合乎公民权利的方式使用技术的能力
数字安全(digital safety)	通过安全、负责和合乎道德地使用技术来了解、减轻和管理各种网络风险的能力
数字保障(digital security)	检测、避免和管理不同程度网络威胁的能力,以保护数据、设备、网络和系统
数字情商(digital emotional intelligence)	在数字化的人际交往中识别、驾驭和表达情绪的能力
数字交流(digital communication)	利用技术与他人沟通和协作的能力
数字素养(digital literacy)	查找、阅读、评估、综合、创建、调整和共享信息、媒体和技术的能力
数字权利(digital rights)	使用技术时理解并维护人权和法律权利的能力

纵向来看,可以将数字智商分为数字公民、数字创造力和数字竞争力3个层次,具体内容如表2-16所示。

表2-16 数字智商能力的层次阐释

层次	阐释
数字公民 (digital citizenship)	以安全、负责和合乎道德的方式使用数字技术和媒体的能力
数字创造力 (digital creativity)	融入数字生态系统,创造新知识、新技术和新内容,将想法变为现实的能力
数字竞争力 (digital competitiveness)	通过推动创业、就业、增长和影响,在数字经济中面对全球挑战、创新和创造新机遇的能力

在本节中,我们主要介绍了国际社会发布的媒介素养、信息素养、ICT素养和数字素养的评估框架,这些框架由相关组织机构经过广泛的调研、多领域专家的审查和各方利益相关者的反馈等严格的审核程序后发布,具有较强的权威性和一定的普遍适用性。由于测评对象的交叉性,这些框架存在一定的相似性,主要体现为:在测评内容方面,这些评估框架既关注每个人作为独立的个体获取信息、理解信息的能力,也强调个体作为社会网络中的一环,分享和交流信息的能力;在测评工具方面,为了帮助公民更好地适应数字社会、提升关键素养,这些评估框架基本都设定了明确的表现指标和能力层级。

不过,由于关键概念的差异性和组织机构的特殊性,加上技术的进步和时代的发展,不同领域、不同组织以及不同时期发布的评估框架测评的侧重点存在一定的差异,具体表现为以下几点。首先,关于媒介素养的测评主要关注对媒介的批判性认识以及对于媒介信息的获取、评价和创造,比较侧重于认识和理解;关于信息素养的测评更加关注信息的需求、获取方式和检索策略等方面,ICT素养还关注对于计算机的认识和使用,因此信息素养和ICT素养更侧重于检索技术和实际操作;关于数字素养的测评则更为综合,关注个体在数字社会生存和发展的各项能力。其次,以数字素养的测评为例,欧盟委员会联合研究中心发布的欧盟数字素养框架是基于对欧洲公民的大规模调查研发而成的,因此其更适用于欧洲人群;而联合国教科文组织在欧盟数字素养框架的基础上,进一步扩大调查范围,形成可适用于全球的数字素养框架。最后,随着时代的发展,从媒介素养、信息素养、ICT素养到数字素养,人们对网络安全和道德规范的关注逐步增强,在网络社会保护自己的安全、规范地使用数字技术成为测评框架中不可或缺的部分；同时，测评框架的实用性也越发明显，在明确测评指标的基础上，评估框架开始关注关键素养与学习、就业的连接，将素养提升与更好的生活相关联，以真正发挥测评框架的价值。

二、专家学者提出的测评框架或模型

笔者对国内外专家学者提出的媒介素养、信息素养和数字素养测评框架或模型进行了梳理，基本信息如表2-17所示。

表2-17 专家学者提出的测评框架或模型

序号	名称	研发团队/人员	发布时间
1	高中生媒介素养测评框架 中学生媒介素养测评模型	西南大学教育学部宋乃庆教授团队	2023.03 2023.11
2	网络媒介素养测量量表	美国堪萨斯州立大学学者汤姆·哈拉克	2016
3	中小学生信息素养评价指标体系	华中师范大学吴砥教授团队	2018
4	大学生在线信息素养测评	美国曼哈顿学院	2020
5	中小学生数字技能测评框架	上海交通大学媒体与传播学院李晓静教授团队	2020
6	中小学生数字素养评价指标体系	华中师范大学吴砥教授团队	2023
7	社会建构主义数字素养实践框架	美国罗格斯大学雷诺兹·丽贝卡	2016

1. 高中生媒介素养测评框架和中学生媒介素养测评模型

2023年3月，我国西南大学教育学部宋乃庆教授团队开发的高中生媒介素养测评框架发布。㊻这一研究基于理论探索和实证研究，主要采用德尔菲法，对全国20个省市的1916名专家进行调研，建构了包括认知理解、辨别评估和创造应用3个一级维度以及感知认识、信息理解、辨别分析、评估验证、创造沟通和传播应用6个二级维度的测评框架，具体内容如表2-18所示。

㊻ 周圆林翰,宋乃庆.新时代高中生媒介素养的内涵辨析与测评框架建构[J].中国远程教育,2023,43(3):29-35.

表 2-18　高中生媒介素养测评框架

一级维度	二级维度	维度说明	"高中生信息技术课程标准"要求
认知理解	感知认识	接触、感受媒介信息，具备初步了解和提取媒介信息的能力，同时具备基本的信息责任及意识	·针对特定的信息问题，自觉、主动地比较不同的信息源，能描述数据与信息的关系，确定合适的信息获取策略 ·遵守基本的信息法律法规，按照社会公认的信息伦理道德规范开展信息活动
认知理解	信息理解	调动已有知识储备，对媒介信息进行系统整理分析	了解对信息进行加工处理的价值、过程和工具，并能够根据需求选择适当的工具
辨别评估	辨别分析	具备对媒介信息真实性和可靠性的判断能力，以及对信息内容的甄别能力	对于简单的信息问题，能根据来源的可靠性、内容的真伪性和表达的目的对信息进行判断
辨别评估	评估验证	基于对媒介信息的相关性、真实性、客观性、时效性的分析，开展评估、估量、检验和证实	针对基于信息技术的问题解决方案，能够依据信息系统设计的普遍原则进行较全面的评估，并采用恰当的方法迭代优化解决方案
创造应用	创造沟通	探索性地尝试创造新的媒介信息或直接交流已甄别验证的媒介信息	·针对特定的学习任务运用一定的数字化学习策略管理学习过程与资源完成任务，创作作品 ·在网络学习空间中开展合作学习，建构知识体系
创造应用	传播应用	基于对媒介信息的归纳提炼，向其他人、团体或社会传递信息、观念、态度，以期产生相应改变的能力	针对较复杂的学习任务，使用网络工具快速搜索、获取和甄别学习资源，在有效管理的基础上创造性地解决问题，形成个性化的作品

2023年11月，在高中生媒介素养测评框架的基础上，我国西南大学教育学部宋乃庆教授团队开发的中学生媒介素养测评模型发布。[47]这一研究在辨析中学生媒介素养内涵的基础上，采用定性与定量相结合的形式建构由媒介感知认识能力、媒介分析评估能力及媒介创造应用能力3个一级指标和8个二级指标组成的中学生媒介素养测评模型，具体内容如表2-19所示。

表2-19 中学生媒介素养测评模型

一级指标	二级指标	指标说明
媒介感知认识能力	媒介感知能力	熟知媒介的传播途径
	媒介认识能力	熟知媒介基本概念，了解不同类型媒介的属性和功能
媒介分析评估能力	媒介理解能力	对信息内容的分析解构能力和逻辑推理能力
	媒介辨别能力	对媒介信息内容可靠性的判断和甄别能力
	媒介评估能力	对媒介信息的相关性、真实性、客观性、时效性开展评价、检验和证实的能力
媒介创造应用能力	媒介基本意识	具备信息安全意识、产权保护意识、隐私保护意识和道德责任意识等
	媒介应用能力	熟练运用媒介工具解决问题和交流互动的能力
	媒介创造能力	对已有信息进行修改或批判性反思从而创造新信息的能力

2. 网络媒介素养测量量表

2016年，美国堪萨斯州立大学学者汤姆·哈拉克（Tom Hallaq）在对媒介素养领域各专家研究成果进行综合分析的基础之上，开发出网络媒介素养测量量表。该量表包括道德意识、媒介获取、媒介意识、媒介评估和媒介制作5个核心维度，每个维度都包含5个题项，共25个题项。具体维度和题项如表2-20所示。[48]

---

[47] 周圆林翰,宋乃庆,沈光辉.中学生媒介素养测评模型构建与应用研究[J].中国教育学刊,2023(11):44-48.

[48] Hallaq T. Evaluating online media literacy in higher education: Validity and reliability of the digital online media literacy assessment (DOMLA)[J]. Journal of Media Literacy Education, 2016, 8(1):62-84.

表 2-20　网络媒介素养测量量表

维度	题项
道德意识 (ethical awareness)	·我通常会努力了解我所购买商品的网络公司的商业行为 ·我知道共享已购买的音乐文件是非法的 ·我知道我所在学校有关下载数字文件的政策 ·我个人有责任收集有关如何正确使用媒介工具的信息 ·我可以明智地讨论在学术环境中使用社交媒体的伦理性
媒介获取 (media access)	·我经常在网上检查我的银行账户余额 ·我能够在网络论坛中增添信息 ·我相信我能够在网络课程中获得成功 ·我能够在计算机上识别并安装 Internet 筛选器 ·我经常登录几个社交媒体网站（如 Facebook、Twitter、Pinterest 等）
媒介意识 (media awareness)	·我觉得我能在网络购物中省钱 ·我熟悉 jpeg、avi、mp3 等媒体文件格式 ·我喜欢通过在线活动（如上网冲浪、玩在线游戏、参加在线社区或论坛等）来学习有关其他文化的新事物 ·我能够评估网络信息的可信度 ·我相信我有能力将自己从新闻网站获得的信息个人化
媒介评估 (media evaluation)	·我确信自己有能力识别互联网弹出的"单击这里"的通知的可信度 ·我知道我所发布内容的网站的用户协议条款 ·我能够评估他人的媒体技能/能力 ·我对确定在线信息是否有偏见的能力充满信心 ·我访问社交媒体网站（如 Facebook）以了解感兴趣的特定公司的信息
媒介制作 (media production)	·我可以通过博客、在线论坛或其他社交媒体格式推广公司产品 ·我有信心把自己创建的视频上传到网站（YouTube、Vimeo 或其他类似网站）上 ·如果我不知道如何使用创意软件程序，可以在网上找到所需的信息 ·我熟悉可用于创建媒体项目的免费开源程序 ·我与朋友分享自己在社交媒体网站创建的个人媒体项目，如数字艺术、视频或音乐混音

3. 中小学生信息素养评价指标体系

华中师范大学吴砥教授团队开发的中小学生信息素养评价指标体系于2018年发布。[49]该研究在综述国内外相关信息素养定义内涵、组成要素、标准框架与评价指标体系，以及对我国中小学生信息素养进行SWOT分析的基础上，结合专家指导建议，建构了由信息意识与认知、信息科学知识、信息应用与创新以及信息道德与法律四个维度组成的中小学生信息素养评价指标体系，具体如表2-21所示。

表2-21 中小学生信息素养评价指标体系

一级指标	二级指标	指标说明
信息意识与认知	信息敏感性	·对信息及其发展有敏锐的感受力 ·对信息有持久的注意力 ·能发现并挖掘信息在学习、生活中的潜力 ·具有在信息时代尊重知识和信息、勇于创新的观念
	信息应用意识	·具有及时学习、利用信息及信息工具为学习服务的意识 ·具有积极利用信息技术，并将其视为学习、生活的必要手段之一的意识 ·具有积极利用信息技术进行独立学习、终身学习、实现个人发展的意识
	信息保健意识	·具有自身保健意识和自控力，能避免不当使用信息技术导致对生理和心理产生不利影响 ·具有获取和理解健康信息，并运用这些信息维护和促进自身健康的意识 ·具有分辨有用与有害信息的意识，能避免接触网络上的不良信息或有害信息

---

[49] 石映辉,彭常玲,吴砥,等.中小学生信息素养评价指标体系研究[J].中国电化教育,2018(8):73-77,93.

续表

一级指标	二级指标	指标说明
信息科学知识	信息基础知识	·了解信息的基础理论知识、方法与原则 ·了解信息技术的作用、发展历程与未来趋势等 ·理解信息化社会对人类的影响
	信息应用知识	·理解并会使用信息时代的读、写、算等新方式（如网络语言、表情文化等） ·了解信息技术的相关知识（如计算机、网络等相关知识） ·会使用与学习和生活相关的信息工具和软件（如文字处理工具、浏览器、搜索引擎工具、网页制作工具、社交与通信软件等）
信息应用与创新	信息的获取与识别	·能根据特定的目的和要求，明确所需信息的种类和程度 ·了解多种信息检索系统，并使用适当的信息检索技术快速有效地获取所需信息 ·能理解、批判性地分析信息及其来源 ·能对收集的信息进行鉴别、遴选、分析和判断
	信息的存储与管理	·能根据需要，有效地对信息进行分类、存储和管理 ·能根据需要，快速有效地提取与使用信息
	信息的加工与处理	·能结合自身的知识背景，重新组织、加工、整合新旧信息 ·能对所掌握的信息从新角度、深层次进行加工处理，产生满足自身需要的信息

续表

一级指标	二级指标	指标说明
	信息的发布与交流	·会使用至少一种信息化交流工具或社交媒体软件 ·能通过多种途径将信息传递给他人，与他人交流、共享
	信息的评价与创新	·能根据自身知识对信息进行合理的评价 ·能欣赏他人发布的成果和作品，并进行有意义的评价 ·能对获取的信息进行批判性的思考 ·能有效地整合信息，以创造性地解决学习、生活中的问题
信息道德与法律	信息道德	·能在获取、利用、加工和传播信息的过程中自觉遵守信息社会中公认的行为规范和道德准则
	信息法律与法规	·具有正确的人生观、价值观，学习并遵守有关法律法规 ·了解平等存取信息的重要性，尊重他人知识产权 ·能正确处理信息开发、传播与使用之间的关系
	信息安全	·了解信息安全常识，积极维护信息安全 ·能自觉维护社会信息系统的安全性 ·能安全、健康地使用各种信息

4. 大学生在线信息素养测评

在美国曼哈顿学院，信息素养是所有本科生的七项核心能力之一。该校信息素养教育的培养目标是，确保毕业生能够评估和选择恰当的信息资源，将它们整合到原创作品中，并正确地引用它们。这一培养目标由五个学习目标组成，即确定信息需求、搜索和检索文档、评估和选择文档、将信息融入学术工作、引用来源和使用引文。针对这五个学习目标，曼哈顿学院编制了大学生在线信息素养测评表。所有大学一年级学生都必须完成 Jasper 在线信息素养测评（Jasper online information literacy test, JOLT）。曼哈顿学院在线信息素养测评的五个维度如表2-22所示。[50]

表 2-22　曼哈顿学院在线信息素养测评五大维度

维度	阐释
确定信息需求 (identifying information needs)	确定与学术任务（如作业）相对应的信息需求以及可能满足这些需求的资源或文档的种类
搜索和检索文档 (searching and retrieving documents)	展示对识别和检索相关书籍、文章、在线资源、视频文件和其他文件的最佳实践的认识
评估和选择文档 (evaluating and selecting documents)	根据信息资源的一般特征（主题相关性、时效性、权威性、偏向性等）及其对特定任务的适宜性，评估和选择信息资源
将信息融入学术工作 (integrating information into academic work)	以支持学术任务或作业目标的方式将信息资源整合到书面或演示的工作中（例如，作为背景、竞争观点的演示或支持证据）
引用来源和使用引文 (citing sources and using citations)	完整、恰当地引用信息来源，并符合学术写作或陈述的规范

5. 中小学生数字技能测评框架

上海交通大学媒体与传播学院副院长李晓静教授团队研发的中小学生数字技能测评框架于2020年发布。[51]该研究梳理数字技能相关理论和文献，通过实践验证，最终建构了包含操作技能、移动技能、创造技能、社交技能和安全技能五个维度的中小学生数字技能测评框架，具体指标如表2-23所示。

---

[50] Walters W H, Sheehan S E, Handfield A E, et al. A multi-method information literacy assessment program: foundation and early results[J]. Libraries and the Academy, 2020, 20(1): 101-135.

[51] 李晓静,胡柔嘉. 我国中小学生数字技能测评框架构建与证实[J]. 中国电化教育, 2020(7):112-118.

表 2-23　中小学生数字技能测评框架

维度	定义	二级指标	题项
操作技能	使用数字设备和软件完成实用性操作的技能	基本操作	我知道如何使用快捷键（如用 Ctrl＋V 来粘贴等）
		信息管理	我知道如何下载和保存在网上找到的资料（如图片、文档、音乐等）
			我知道如何在浏览器里收藏网页
		信息导航	我知道如何在浏览器里打开新的窗口
			我知道如何点击链接访问新的网页
移动技能	使用移动数字设备的能力	软件操作	我知道如何在手机或平板上安装软件（App）
			我知道如何在手机或平板上卸载软件
		设备应用	我知道如何用手机、平板等设备拍摄照片
创造技能	使用互联网或软件创造新内容的能力	内容创建	我知道如何设计网页
			我知道如何制作思维导图
			我知道如何制作多媒体展示（包含声音、图片或者视频）
		内容整合	我知道如何用视频编辑软件给视频添加字幕
			我知道如何将两段音频在音频编辑软件中合并为一段音频
社交技能	互联网上与他人进行清晰有效的沟通和良好合作的能力	社交分享	我会在网站上发表言论
			我会在网上创造一个角色或者宠物
		社交互动	我会访问别人的社交主页（如微博等）
			我会和朋友一起在线玩游戏

续表

维度	定义	二级指标	题项
安全技能	安全使用互联网并保护隐私的技能	隐私保护	我知道如何清除自己的网页访问记录
			我知道如何屏蔽不想要的网络广告或者垃圾邮件
		风险保护	我知道如何寻找、如何安全使用网络信息
			我知道如何使用杀毒软件杀毒
			我知道从什么渠道下载软件会比较安全

6. 中小学生数字素养评价指标体系

华中师范大学吴砥教授团队开发的中小学生数字素养评价指标体系于2023年发布。㉜该研究在系统梳理国内外数字素养评价指标框架的基础上，结合《义务教育信息科技课程标准（2022年版）》和中小学生发展特征，建构了包含数字意识、数字知识与技能、计算思维、数字化合作与交流、数字化学习与创新、数字社会责任6个一级指标与15个二级指标的中小学生数字素养评价指标体系，具体指标如表2-24所示。

表2-24 中小学生数字素养评价指标体系

一级指标	权重	二级指标	权重
数字意识	0.16	数字感知意识	0.06
		数字应用意识	0.05
		数字安全意识	0.05
数字知识与技能	0.12	数字知识	0.05
		数字技能	0.07
计算思维	0.19	问题分解	0.05
		问题抽象	0.08
		算法思维	0.06
数字化合作与交流	0.14	数字化合作	0.08

㉜ 吴砥,李环,杨洒,等.教育数字化转型背景下中小学生数字素养评价指标体系研究[J].中国教育学刊,2023(7):28-33.

续表

一级指标	权重	二级指标	权重
		数字化交流	0.06
数字化学习与创新	0.18	数字化学习	0.09
		数字化创新	0.09
数字社会责任	0.21	数字健康	0.06
		数字伦理	0.07
		数字法律	0.08

7. 社会建构主义数字素养实践框架

美国罗格斯大学雷诺兹·丽贝卡（Reynolds Rebecca）基于建构主义和社会建构主义，以学生游戏设计为中心提出了包含创建、管理、发布、社交、研究、冲浪 6 个领域的社会建构主义数字素养实践框架，为数字教育实践提供了参考，具体内容如表 2-25 所示。㉝

表 2-25 社会建构主义数字素养实践框架

数字实践领域	阐释
创建（create）	根据原创想法发明、创建并完成一个数字项目
管理（manage）	项目规划、项目管理、团队合作(如角色承担、任务授权)、解决问题
发布（publish）	向受众、同行社区发布自创的数字作品
社交(socialize)	通过社会互动、参与和交流，提供和获得有关项目的反馈意见
研究(research)	探究、寻求信息、代理使用资源，以支持人工制品的主题、信息、设计、执行
冲浪(surf/play)	浏览、试验和使用现有的网络应用程序和工具

在本节中，我们主要介绍了国内外专家学者提出的媒介素养、信息素养和数字素养的测评体系，这些框架由相关领域的专家学者结合地区的实际情况研发而成，与官方组织机构发布的测评框架相比，具有更强的本土特点。从测评内容上看，专家学者研发的测评指标本质上并没有

㉝ Reynolds R. Defining, designing for, and measuring "social constructivist digital literacy" development in learners: A proposed framework[J]. Education Tech Research Dev, 2016(4): 735-762.

脱离官方组织机构发布的评估框架，只是带有各自的特色。例如，我国西南大学教育学部宋乃庆教授团队和华中师范大学吴砥教授团队在开发相关素养的评估框架时，均充分结合了我国教育部发布的信息科技课程标准，将素养提升与学科课程相结合。再如，雷诺兹·丽贝卡以游戏设计为中心，在活动中培养学生的数字素养。除此之外，专家学者研发的测评体系也呈现出明显的地区差异性，主要体现在具体的题项中。例如，美国堪萨斯州立大学学者汤姆·哈拉克设计的网络媒介素养测量量表中，提及Facebook、Twitter、Pinterest等社交媒体网站，而上海交通大学媒体与传播学院李晓静教授团队研发的中小学生数字技能测评框架，则是以微博为例对题项进行解释说明。由此可见，专家学者研发的测评体系对于所属地区人群具有更强的适用性。因此，在小范围的实践中，可以参考专家学者研发的测评体系，有针对性地提升所属地区人群的素养水平。

第三章 现状分析：我国青少年学生数字媒介素养水平

近年来，信息和通信技术（ICT），特别是以ChatGPT为代表的生成式人工智能迅速发展，并越来越多地应用于提供和拓展学习的空间、场地及工具[①]，加速了教育的数字化转型[②]。为了最大限度地发挥教育数字化变革的作用，提升学生数字媒介素养的重要性越发凸显，被认为是实质性推动教育数字化改革进程的核心。[③]身处数字化时代和终身学习社会，学生必须掌握数字技术，学会与数字技术共存共生，这样才能成为合格的数字公民，并在激烈的全球竞争中取得成功。[④]但是，地理、社会经济背景与文化等方面的差异客观上造成了数字媒介资源获取和应用的不平衡，进而导致了不同学生群体数字媒介素养发展的不平衡。有

---

① Lai C, Li X, Wang Q. Students' perceptions of teacher impact on their self-directed language learning with technology beyond the classroom: Cases of Hong Kong and U.S.[J]. Educational Technology Research and Development, 2017(5): 1105-1133.
② 袁振国. 数字化转型视野下的教育治理[J]. 中国教育学刊, 2022(8): 1-6, 18.
③ 刘宝存, 岑宇. 以数字素养框架推动数字化人才培养[N]. 中国教育报, 2023-02-27(005).
④ 李玉顺, 付苏豪, 安欣. 数字经济时代学生数字素养的培育——时代价值、理论建构与实践进路[J]. 中国电化教育, 2023(9): 27-33.

研究发现，城乡教师之间的数字媒介素养存在很大差距[5]，而城市和农村学生之间的数字媒介素养也可能存在差距[6]。这种差距不仅仅表现在技术设备和网络获取方面，更体现在使用数字技术并从中受益的能力方面，后者被认为是更深层次的数字鸿沟[7]，并可能造成新的教育不平等。

在大力推进教育数字化的同时，中国也在努力缩小区域、城乡和校际间的教育差距。2022年10月，习近平总书记在党的二十大报告中明确指出"推进教育数字化""加快义务教育优质均衡发展和城乡一体化"。2022年11月，教育部发布《教师数字素养》教育行业标准。2023年6月，中共中央办公厅、国务院办公厅印发了《关于构建优质均衡的基本公共教育服务体系的意见》，提出"提高教师数字素养和信息技术应用能力"；同年7月，教育部、国家发展改革委、财政部联合发布了《关于实施新时代基础教育扩优提质行动计划的意见》，提出"强化师生应用培训，增强师生信息素养和实际应用能力"。世界上还有许多国家也已经认识到数字鸿沟对教育发展带来的严重挑战。美国、欧盟、新加坡和其他一些发达国家已经采取了相关措施来培养国家公民的数字素养，但到目前为止还没有找到行之有效的策略。[8]

本章通过一项全国性调查对城乡学生数字媒介素养的发展现状进行了深入的调查和分析，并进一步探讨了数字媒介素养如何与其他因素相互作用。

第一节 现有研究回顾

现有文献中尚缺少大规模测评学生数字媒介素养并分析探讨其城乡差异的研究，但有不少研究曾探讨与数字媒介素养概念相似的媒介素养、数字素养和信息素养的城乡差异。这些研究涉及的群体范围较广，

---

[5] 刘月,曾妮,张丹慧.教师数字资源利用的鸿沟现象及其弥合路径——基于一项全国性大样本教师数字素养调查的数据[J].中国电化教育,2023(10):106-110,119.

[6] 李杰明,武学超.OECD国家数字教育战略：范式、路径与走向[J].外国教育研究,2023,50(9):113-128.

[7] Corkin M T, Meissel K, Peterson E R, et al. Are distinct modes of using digital technologies evident by age eight? Implications for digital divides[J]. Computers & Education, 2022, 191: 198-212.

[8] 李杰明,武学超.OECD国家数字教育战略：范式、路径与走向[J].外国教育研究,2023,50(9):113-128.

覆盖多个不同年龄段群体[9][10][11][12][13][14][15][16]。在教育领域，相关研究的焦点是教师[17][18]和学生[19][20]。

关于青少年学生在数字媒介素养方面的现状与城乡差异，相关研究已经得出了几个关键结论。总体而言，城市学生的数字媒介素养水平高于农村学生，这反映在媒介接触和使用方面。由于城乡之间地理位置和数字环境的差异[21][22]，城市学生往往比农村学生拥有更多的数字媒介设备，同时也更早开始上网[23][24]。此外，城乡青少年的媒介使用习惯也存

---

[9] 陈洪波.我国少数民族地区城乡青少年媒介素养与价值观念耦合研究——以广西壮族自治区为例[J].新闻界,2014(16):73-76.

[10] 李晓静,刘祎宁,冯紫薇.我国青少年数字素养教育的现状问题与提升路径——基于东中西部中学生深度访谈的NVivo分析[J].中国电化教育,2023(4):32-41.

[11] Pereira S, Fillol J, Moura P. Young people learning from digital media outside of school: The informal meets the formal[J].Comunicar, 2019, 27(58):41.

[12] 郑素侠.城乡青少年媒介使用的家庭环境差异及其影响因素——基于2013年度中国教育追踪调查(CEPS)数据的分析[J].现代传播(中国传媒大学学报),2015,37(9):144-149.

[13] 侯煜,杜仕勇,刘迅.乡村治理视角下欠发达乡村村民媒介素养研究[J].四川理工学院学报(社会科学版),2019,34(6):39-51.

[14] 胡荣,焦明娟.城乡居民的新媒体素养和社会参与[J].福建论坛(人文社会科学版),2022(5):178-187.

[15] 马超.数字媒体时代城乡青年的媒介使用与媒介素养研究——来自S省青年群体的实证调查[J].四川理工学院学报(社会科学版),2018,33(5):79-100.

[16] Yu Y, Wu Y, Huang Z, et al. Associations between media use, self-efficacy, and health literacy among Chinese rural and urban elderly: A moderated mediation model[J]. Frontiers in Public Health, 2023,1104904.

[17] 李家新,谢爱磊,雷欣渝.大规模在线教学环境下教师"数字鸿沟"影响教师韧性的机理研究——基于粤港澳大湾区1556位城乡小学教师的调查[J].现代远距离教育,2021(6):65-76.

[18] 张靖,郭炯.农村中小学教师数字素养提升:价值意蕴、现实困境及策略探析[J].电化教育研究,2023,44(8):122-128.

[19] 高元先,朱丽.教育公平视野下城乡大学生信息素养差距的现状及对策[J].图书馆理论与实践,2013(8):27-29.

[20] 李晓静,刘祎宁,冯紫薇.我国青少年数字素养教育的现状问题与提升路径——基于东中西部中学生深度访谈的NVivo分析[J].中国电化教育,2023(4):32-41.

[21] Li J, Huang X, Lei X, et al.ICT literacy, resilience and online learning self-efficacy between Chinese rural and urban primary school students[J].Frontiers in Psychology,2022,13, 1051803.

[22] 邱利见,刘学智.人工智能时代的乡村教育振兴:机遇、挑战及对策[J].教育学术月刊,2023(5):47-53.

[23] 陈洪波.我国少数民族地区城乡青少年媒介素养与价值观念耦合研究——以广西壮族自治区为例[J].新闻界,2014(16):73-76.

[24] 郑素侠.城乡青少年媒介使用的家庭环境差异及其影响因素——基于2013年度中国教育追踪调查(CEPS)数据的分析[J].现代传播(中国传媒大学学报),2015,37(9):144-149.

在差异。例如，刘朝霞和李沐芸开展的一项针对中国10省市的7—18岁群体的调查研究发现，城乡未成年人似乎更多出于娱乐目的使用网络，他们倾向于访问视频类型的内容，但城市未成年人更热衷于长视频，而农村未成年人更喜欢短视频。[25]

许多研究探讨了城市学生和农村学生的信息识别和媒介批评能力，其研究结果显示，城市和农村青少年的确缺乏对媒介的批判性理解。例如，Lariscy等的研究结果显示，青少年在评估信息时并没有区分信息来源[26]。还有研究进一步发现，城市青少年比农村青少年更具歧视性和媒介批判性。[27]然而，也有研究结果显示，城市和农村青少年对媒介的看法没有显著差异。[28]

一些研究人员还调查了城市和农村青少年对媒介的态度和影响，发现城市和农村青少年都热衷于参与媒介活动[29]。农村小学生比城市小学生表现出更多的好奇心[30]，由于资源匮乏，数字媒介对农村青少年往往比城市青少年更重要。相关研究还发现，农村青少年存在更突出的网络安全和消费问题，例如他们更有可能不计后果地使用自己的生活费充值游戏或打赏频道主播。[31]

关于数字媒介素养发展的影响因素，现有研究从个人、家庭和学校等多个层面探讨了影响中学生数字媒介素养的因素。在个体层面，有研究发现学生的个体特征，如性别、年级、种族、信息技术自我效能感、信息技术态度和信息技术使用行为等，是影响其数字媒介素养的重要因

---

[25] 刘朝霞,李沐芸.赋权、减权与反向数字鸿沟——城乡比较视角下的未成年人互联网运用现状研究[J].青年探索,2023(3):92-102.

[26] Lariscy R W, Reber B H, Paek H.-J.Examination of media channels and types as health information sources for adolescents: Comparisons for black/white, male/female, urban/rural[J]. Journal of Broadcasting and Electronic Media,2010,54(1):102-120.

[27] 张家军,程静.重庆市城乡小学生信息素养状况的调查比较[J].上海教育科研,2009(1):48-50.

[28] 路鹏程,骆昊,王敏晨,等.我国中部城乡青少年媒介素养比较研究——以湖北省武汉市、红安县两地为例[J].新闻与传播研究,2007(3):80-88.

[29] 路鹏程,骆昊,王敏晨,等.我国中部城乡青少年媒介素养比较研究——以湖北省武汉市、红安县两地为例[J].新闻与传播研究,2007(3):80-88.

[30] 张家军,程静.重庆市城乡小学生信息素养状况的调查比较[J].上海教育科研,2009(1):48-50.

[31] 刘朝霞,李沐芸.赋权、减权与反向数字鸿沟——城乡比较视角下的未成年人互联网运用现状研究[J].青年探索,2023(3):92-102.

素。㉜在家庭层面,余亮等发现,能够在家中上网的学生的信息素养水平明显高于那些不能在家中上网的学生。㉝此外,该研究还发现父亲的受教育水平对初中生的信息素养具有积极的正向影响,父亲的受教育水平越高,学生的信息素养也往往越高。在学校层面,数字资源和机构保障措施被发现能够显著地影响学生的信息素养。学校的数字资源越丰富,机构保障措施越好,学生的信息素养就越高。㉞在此基础上,蒋龙艳等探究了影响中学生信息素养的关键因素及中介机制,结果显示,信息技术自我效能感、信息技术态度、信息技术使用行为和中学生信息素养之间存在链式中介效应。㉟此外,宋灵青等发现中国东、中、西部地区初中生的数字素养水平存在显著差异㊱,这表明所在地区也可能是影响学生数字素养水平的潜在因素之一。

还有研究探讨了造成城乡学生数字媒介素养差距的因素,可大致划分为宏观、中观和微观三个层面。在宏观层面,有研究者指出,经济与政治因素是导致中国城乡信息鸿沟的主要因素,而政策则是解决这一问题的最有力方案。㊲在中观层面,网络条件是影响学生在线学习态度的重要因素。㊳在微观层面,个人的年龄、性别、媒介接触和使用、家庭的数字环境、家长的教育和家长的网络使用参与可能是影响城市和农村地区学生数字媒介素养的因素。㊴㊵㊶造成城乡学生数字媒介素养差距的微观层面因素

㉜ 杨浩,韦怡彤,石映辉,等.中学生信息素养水平及其影响因素研究——基于学生个体的视角[J].中国电化教育,2018(8):94-99,126.

㉝ 余亮,张媛媛,赵笃庆."互联网+"教学环境下初中生信息素养影响因素跟踪研究——基于学生个体和家庭层面的视角[J].现代远距离教育,2022(1):64-74.

㉞ 敖国伟,余丽芹,梁伟维,等.中学生信息素养的多层影响因素及提升策略研究[J].中国电化教育,2018(8):86-93.

㉟ 蒋龙艳,吴砥,朱莎.中学生信息素养水平的影响因素及其作用机制研究[J].中国电化教育,2020(9):112-118.

㊱ 宋灵青,许林,朱莎,等.我国初中生数字素养现状与培育策略——基于东中西部6省市25032名初中生的测评[J].现代远程教育研究,2023,35(3):31-39.

㊲ Yang F, Zhang X. Focal fields in literature on the information divide: The USA, China, UK and India [J].Journal of Documentation,2020,76(2):373-388.

㊳ 赵宏,蒋菲,汤学黎,等.在线教育:数字鸿沟还是数字机遇?——基于疫情期间在线学习城乡差异分析[J].开放教育研究,2021,27(2):62-68.

㊴ Lemphane P, Prinsloo M.Children's digital literacy practices in unequal South African settings[J].Journal of Multilingual and Multicultural Development,2014,35(7):738-753.

㊵ Lund B D, Wang T.Information literacy, well-being, and rural older adults in a pandemic [J]. Journal of Librarianship and Information Science,2022(2),318-329.

㊶ Pereira S, Fillol J, Moura P.Young people learning from digital media outside of school: The informal meets the formal[J].Comunicar,2019,27(58),41-50.

比较复杂，本研究重点探讨其中的个人和家庭因素，以期为提高学生的数字媒介素养提供实用的建议。多项研究表明，学生的数字媒介素养水平对他们的学业成就和能力表现起着至关重要的作用。例如，赵宁宁等发现，青少年对信息技术的兴趣和对信息技术能力的自我感知对他们的学业成绩有积极的影响。[42]李海龙等也发现，对信息技术的态度以及使用信息技术的能力对阅读能力有显著的影响。[43]因此，在中国数字化转型的关键阶段，识别影响数字媒介素养的因素，有针对性地提高学生的数字媒介素养，使他们能够有效应对数字社会带来的挑战，是非常必要的。

综上，现有研究发现，多个年龄段的青少年在数字媒介素养上存在显著差异，但对小学生数字媒介素养发展状况的相关探讨仍不充分。此外，城市和农村青少年的数字媒介素养受到经济、政治、网络条件等宏观因素以及家长受教育水平、家长干预和个人媒介使用等微观因素的影响。随着信息技术的发展，儿童接触媒介的年龄越来越早，各种因素在青少年数字媒介素养发展过程中的作用和效果可能发生变化。

在本节中，基于第二章的相关论述，数字媒介素养被定义为在遵守安全和道德准则的同时，使用数字设备获取媒介信息，进行批判性评价，并表达自己观点的能力。在现有研究的基础上，本节将从四个具体维度（获取与使用、理解与评价、创造与传播、安全与道德）比较城乡学生数字媒介素养的发展状况，并进一步探讨城乡差异的可能影响因素。具体来说，本节旨在探讨两个问题：一是中国小学生在数字媒介素养方面是否存在城乡差距；二是家庭（家长受教育程度和家长干预）和个人（使用数字设备的时间）因素在多大程度上导致了城市和农村小学生之间的数字媒介素养差距。研究的思路框架如图3-1所示。

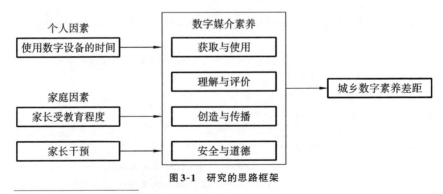

图3-1 研究的思路框架

---

[42] 赵宁宁,王易,陈小涵,等.信息技术对学生学业成绩的影响——基于PISA2018数据[J].中国考试,2020,(11):67-73.

[43] 李海龙,贾利锋,叶海智.信息素养对学生阅读能力的影响——基于PISA2018国际排名的实证分析[J].外国教育研究,2021,48(10):98-116.

第二节 研究方法

一、研究对象

本研究采用分层随机抽样法。参与者是来自城乡小学的五年级和六年级学生。课题组联系了这些学校的教学人员，以获取他们的帮助来进行本研究。调查采用在线问卷的形式。在剔除了回答不完整的问卷之后，共回收2848份有效问卷。在有效参与者中，1474人（52%）为女性，1374人（48%）为男性；五年级学生1489名（52%），六年级学生1359名（48%）。城市地区学生1951人（69%），农村地区学生897人（31%），这与中国城乡人口分布情况一致。近一半（49%）的受访者报告称，自己每天使用数字媒介设备的时长为0~1小时。课题组设置了6个选项来衡量家长受教育程度，即小学、初中、高中、专科、本科和硕士及以上，分别用值1~6代表。研究对象基本信息如表3-1所示。

表3-1 研究对象基本信息

项目	选项	人数	在有效参与者中的占比（%）
性别	男	1474	52
	女	1374	48
年级	五年级	1489	52
	六年级	1359	48
城乡	城市地区	1951	69
	农村地区	897	31
父亲受教育程度	小学	191	7
	初中	1048	37
	高中	792	28
	专科	390	14
	本科	353	12
	硕士及以上	74	3
母亲受教育程度	小学	218	8
	初中	1062	37
	高中	763	27

续表

项目	选项	人数	在有效参与者中的占比（%）
	专科	406	14
	本科	346	12
	硕士及以上	53	2
数字设备日均使用时间	0小时	193	7
	0~1小时	1399	49
	1~2小时	1072	38
	2~3小时	133	5
	>3小时	51	2

注：由于本研究中的占比取值为四舍五入，所以各占比部分相加的结果并不完全是100%。

二、研究工具

本研究所使用的问卷分为4个部分，包含44个题项，参与者用李克特量表（人口学信息除外）对每个题项的描述与现实的符合程度进行评分，分值从1到5分别代表从完全不符合到完全符合。问卷的第一部分收集了关于学生的人口学信息，如性别、年龄和地理位置等。第二部分包含三个项目，测量了学生的家庭上网情况和使用数字设备的日常体验，重点关注学生的数字设备使用情况。第三部分包括根据吴依泠等使用的量表[44]改编的8个项目，以研究家长对学生使用数字技术和媒介的中介作用。第四部分是数字媒介素养量表。根据先前提出的数字媒介素养的四维模型（即获取与使用、理解与评价、创造与传播、安全与道德），课题组结合现有研究使用过的量表[45][46]，通过小组讨论建立了与数字媒介素养有关的初步题项列表。课题组邀请了8名专家和教师（2名数字媒介素养教育领域专家、6名小学教师）和10名学生来审查量表，并提出建议，以确保项目尽可能清晰、简明与合乎逻辑。修订后的量表由4个维度、18个题项组成。具体来说，"获取与使用"维度包含4个

---

[44] 吴依泠,沈熙,苏彦捷.网络使用父母干预方式问卷的修订[J].中国临床心理学杂志,2019,27(4):680-684.

[45] OECD. ICT familiarity questionnaire for PISA 2018[EB/OL].[2024-01-20].https://www.oecd.org/pisa/data/2018database/CY7_201710_QST_MS_ICQ_NoNotes_final.pdf.

[46] Zhang H, Zhu C. A study of digital media literacy of the 5th and 6th grade primary students in Beijing[J].The Asia-Pacific Education Researcher,2016,25(4):579-592.

题项（α＝0.71），评估了在数字环境中查找和获取信息的能力；"理解与评价"维度包含6个题项（α＝0.81），评估了批判性地分析所获得的信息的能力；"创造与传播"维度包含4个题项（α＝0.78），评估了通过数字技术进行交流和传播信息的能力；"安全与道德"维度包含4个题项（α＝0.66），评估了无风险和合乎道德地使用数字媒介技术的能力。最终确定的数字媒介素养量表的维度、定义和题项如表3-2所示。

表3-2　数字媒介素养量表中的维度、定义和题项

维度	定 义	题 项
获取与使用	能够在数字环境中查找和获取信息的能力	·我会下载、安装手机或电脑软件 ·我会使用QQ、微信等工具与他人交流 ·我会使用Word、PPT等办公软件 ·我知道如何下载和保存资料（如图片、文档等）
理解与评价	能够批判性地分析所获得的信息的能力	·我知道互联网上的信息是哪个平台发布的 ·我可以区分媒介的不同功能（学习、社交、娱乐等） ·我能看懂互联网上的新闻、图像、视频所传递的含义 ·我认为媒介信息和内容中可以出现不同立场的观点 ·我能够判断互联网上的信息和新闻的可靠性 ·我能够发现用不同的搜索引擎（百度、360等）搜集到的信息的差异
创造与传播	通过数字技术进行交流和传播信息的能力	·我会制作图片、视频、音频或其他内容，并将其发布到互联网上 ·我会通过微博、微信、QQ等平台来表达自己的想法或观点 ·我会关注网络热点事件，并发表自己的意见 ·我在网上看到好的文章或视频，会主动点赞、转发、分享、交流

续表

维度	定义	题项
安全与道德	无风险和合乎道德地使用数字媒介技术的能力	·我认为人们在发布媒体内容时需要遵守法律和道德规则
		·我可以保护自己的个人信息不被泄露（例如，不告诉陌生人我的社交软件登录密码）
		·我能够发现QQ或微信等社交账号的使用异常情况（例如被盗号、被封号）
		·我会对网络上的不良言论进行反驳，传播正能量

三、数据分析

首先，为了检验测量工具的信效度，我们使用SPSS 25.0和AMOS 22.0软件分别进行探索性因子分析（EFA）和验证性因子分析（CFA）。其次，我们进行了描述性统计分析。再次，我们采用t检验来检验城乡学生在数字媒介素养方面的差异。又次，我们采用另一项t检验探究可能导致城乡学生数字媒介素养差异的因素，如个体使用数字设备的时长、家长受教育程度和家长干预等因素。最后，我们采用结构方程模型（SEM）研究了可能的影响因素对城乡学生数字媒介素养的影响。

第三节 研究结果

一、数字媒介素养量表的信度与效度

以华中地区一所小学的488名四、五年级学生为样本，进行数字媒介素养量表（18项）的信度和效度检验。经筛选，得到有效问卷469份，其中四年级220份（46.9%），五年级249份（53.1%）；男生249份（53.1%），女生220份（46.9%）。使用探索性因子分析和验证性因子分析检验数字媒介素养量表的结构效度。我们将有效数据随机分为两部分（见表3-3），一部分使用SPSS 25.0软件进行探索性因子分析，另一部分使用AMOS 22.0软件进行验证性因子分析。

表 3-3　数字媒介素养量表信效度检验样本情况

数据用途	项目	选项	人数	在有效参与者中的占比（%）
探索性因子分析（第一部分）	性别	男	81	54.7
		女	67	45.3
	年级	四年级	72	48.6
		五年级	76	51.4
验证性因子分析（第二部分）	性别	男	170	53.0
		女	151	47.0
	年级	四年级	138	43.0
		五年级	183	57.0

探索性因子分析用第一部分数据（$n=148$）来测试数字媒介素养量表的基础结构。在进行探索性因子分析之前，我们利用KMO检验和巴特利特球形检验来测量数据的抽样充分性和可分解性。巴特利特球形检验统计量显著（$p<0.001$），KMO值为0.805，表明数据的相关矩阵之间存在共同因素，问卷适合进行探索性因子分析。[47]根据特征值大于1的标准[48]，提取4个因子，累积方差解释率为58.32%。表3-4总结了数字媒介素养量表的探索性因子分析结果。通过对Cronbach's α的内部一致性进行估计来分析各量表的信度。除第四维度的Cronbach's α值略低于0.7外，其他三个维度上的Cronbach's α值均大于0.7，这表明该量表具有令人满意的内部信度。

表 3-4　数字媒介素养量表的探索性因子分析结果

维度	题项	旋转后因子载荷	特征值	Cronbach's α	累计方差解释率
获取与使用	Q1	0.65	2.15	0.71	58.32%
	Q2	0.75			
	Q3	0.63			
	Q4	0.64			

[47] 吴明隆.SPSS操作与应用[M].重庆:重庆大学出版社,2010.

[48] Kaiser H F.The varimax criterion for analytic rotation in factor analysis[J].Psychometrika,1958,23(3):187-200.

续表

维度	题项	旋转后因子载荷	特征值	Cronbach's α	累计方差解释率
理解与评价	Q5	0.53	3.33	0.81	58.32%
	Q6	0.70			
	Q7	0.77			
	Q8	0.74			
	Q9	0.73			
	Q10	0.65			
创造与传播	Q11	0.68	2.94	0.78	
	Q12	0.73			
	Q13	0.79			
	Q14	0.76			
安全与道德	Q15	0.77	2.08	0.66	
	Q16	0.64			
	Q17	0.57			
	Q18	0.61			

验证性因子分析使用第二部分数据（$n=321$）来检验基于理论的因子建构是否适配样本数据，以及数字媒介素养的四因素模型中各因素（即获取与使用、理解与评价、创造与传播、安全与道德）的拟合效果（见图3-2）。采用多个拟合优度指标作为模型评价指标，包括CMIN/df、近似均方根误差（RMSEA）、标准均方根残差（SRMR）、拟合优度指数（GFI）、调整GFI（AGFI）、比较拟合指数（CFI）、增量拟合指数（IFI）和塔克-路易斯指数（TLI）。CMIN/df值小于3.0说明拟合效果可接受；RMSEA值为0.05到0.08，说明拟合效果可接受，值为0到0.05表示良好拟合；SRMR值小于0.05说明模型拟合良好；GFI、AGFI、CFI、IFI和TLI值在0.80~0.90这个范围，说明拟合效果可接受，在0.90~1.00范围内，表示拟合效果良好[49][50]。验证性因子分析的结果显示，

---

[49] 吴明隆. 结构方程模型：AMOS的操作与应用[M]. 重庆：重庆大学出版社, 2009.

[50] Hair J F, Anderson R E, Tatham R L. Multivariate data analysis with readings[M]. 4th ed. New Jersey: Prentice-Hall International, 1995.

所有模型拟合指标的值都是令人满意的（见表3-5）。此外，所有旋转因子载荷均在0.001水平上显著，且大部分旋转因子载荷高于0.60。

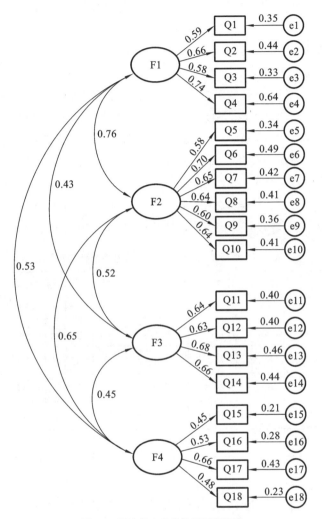

图3-2 数字媒介素养的四因素模型

注：F1为获取与使用，F2为理解与评价，F3为创造与传播，F4为安全与道德。

表3-5 数字媒介素养量表的验证性因子分析结果

拟合指标	CMIN/df	RMSEA	GFI	AGFI	CFI	IFI	TLI
实际值	2.32	0.06	0.91	0.88	0.89	0.89	0.87
建议值	<3	<0.08	0.80~0.90	0.80~0.90	0.80~0.90	0.80~0.90	0.80~0.90

二、小学生数字媒介素养的描述性统计及差异

描述性统计结果显示,数字媒介素养的整体平均得分为68.71分,处于中等水平。其中,受测者在"安全与道德"维度上的得分较高(M = 79.17, SD = 15.64)(M表示平均值,SD表示方差);在"创造与传播"维度上的得分较低(M = 60.63, SD = 20.30)。

采用 t 检验来检验城乡学生在数字媒介素养方面的差异。结果显示,城市学生(M = 69.42, SD = 12.35)总体数字媒介素养水平高于农村学生(M = 67.17, SD = 11.95),这表明两者之间确实存在差距。具体而言,在"获取与使用"维度(t = 8.18, p < 0.001)以及"理解与评价"维度(t = 4.09, p < 0.001)存在显著差异,而在"创造与传播"维度(t = 1.28, p = 0.201)和"安全与道德"维度(t = 0.57, p = 0.570)不存在显著差异。相关描述性统计与 t 检验的结果如表3-6所示。

表3-6 数字媒介素养水平的描述性统计与 t 检验

维度	整体样本		城市学生		农村学生		t 值
	M	SD	M	SD	M	SD	
获取与使用	65.96	16.59	67.61	16.81	62.36	15.49	8.18***
理解与评价	68.95	14.08	69.68	14.09	67.37	13.92	4.09***
创造与传播	60.63	20.30	60.96	20.42	59.92	20.02	1.28
安全与道德	79.17	15.64	79.28	15.5	78.92	15.95	0.57
数字媒介素养	68.71	12.27	69.42	12.35	67.17	11.95	4.57***

注:***p < 0.001。

三、城乡学生在个人和家庭因素上的差异

采用 t 检验比较城市和农村学生在个人数字媒介体验(即使用数字设备学习和娱乐的时间)、家长受教育程度和家长干预等方面的差异(见表3-7)。结果显示,城市学生的家长在受教育程度和参与孩子的数字设备使用过程方面得分明显较高,这说明城市学生的家长可能在孩子的数字媒介素养发展中发挥更积极的作用。此外,研究发现,农村学生日均使用数字设备娱乐时长高于城市学生,但这一差异不具备统计学意义上的显著性。令人惊讶的是,农村学生日均使用数字设备学习时长显著高于城市学生。

表 3-7 影响数字媒介素养的个人和家庭因素的描述性统计与 t 检验

项目	选项	城市 n(%)	农村 n(%)	城市 M(SD)	农村 M(SD)	t 值
日均使用数字设备学习时长/分钟				29.78(28.45)	32.25(30.98)	−2.09*
日均使用数字设备娱乐时长/分钟				29.04(38.34)	30.56(39.60)	−0.97
家长干预				78.80(14.72)	75.56(15.82)	5.32***
父亲受教育程度	小学	71(3.60)	120(13.40)			17.25***
	初中	579(29.70)	469(52.30)			
	高中	600(30.80)	192(21.40)			
	专科	329(16.90)	61(6.80)			
	本科	302(15.50)	51(5.70)			
	硕士及以上	70(3.60)	4(0.40)			
母亲受教育程度	小学	83(4.30)	135(15.10)			17.48***
	初中	585(30.00)	477(53.20)			
	高中	588(30.10)	175(19.50)			
	专科	356(18.20)	50(5.60)			
	本科	288(14.80)	58(6.50)			

续表

项目	选项	城市 n(%)	农村 n(%)	城市 M(SD)	农村 M(SD)	t值
母亲受教育程度	硕士及以上	51(2.60)	2(0.20)			17.48***

注:*$p<0.05$,***$p<0.001$。

四、个人和家庭因素对城乡学生数字媒介素养的影响

数字媒介素养与个人和家庭因素之间的双变量相关性分析结果如表3-8所示。数字媒介素养各维度之间存在显著正相关关系。个体因素（日均使用数字设备学习时长和日均使用数字设备娱乐时长）与数字媒介素养的大部分维度存在微弱但显著的相关性，但日均使用数字设备学习时长和日均使用数字设备娱乐时长之间的相关性不显著。在家庭因素方面，数字媒介素养与家长干预呈较强的正相关，与家长受教育程度呈弱但显著相关。

表3-8 数字媒介素养与个人和家庭因素之间的双变量相关性分析结果

	1	2	3	4	5	6	7	8	9	X
1	1									
2	0.73***	1								
3	0.83***	0.48***	1							
4	0.77***	0.45***	0.50***	1						
5	0.64***	0.30***	0.42***	0.27***	1					
6	0.09***	0.06**	0.06**	0.08***	0.06**	1				
7	0.11***	0.10***	0.09***	0.12***	0.00	0.23***	1			
8	0.08***	0.17***	0.07***	0.01	−0.02	−0.07**	−0.07**	1		
9	0.04*	0.15***	0.04*	−0.02	−0.05*	−0.08***	−0.08***	0.74***	1	
X	0.37***	0.22***	0.32***	0.23***	0.34***	−0.01	−0.09***	0.13***	0.10***	1

注：1为数字媒介素养，2为获取与使用，3为理解与评价，4为创造与传播，5为安全与道德，6为父亲受教育程度，7为母亲受教育程度，8为日均使用数字设备学习时长，9为日均使用数字设备娱乐时长，X为家长干预；*$p<0.05$,**$p<0.01$,***$p<0.001$。

之后，采用结构方程模型研究个人和家庭因素对数字媒介素养的影响。每个维度都被视为一个潜在变量，其相关题项被视作观察变量。图3-3所示的模型报告了一个显著的$\chi^2 = 1610.98$，$p < 0.001$，但是基于其他指标的良好表现（RMSEA $=$ 0.07，SRMR $=$ 0.05，CFI $=$ 0.90，TLI $=$ 0.87），我们仍可以认为该模型具有良好的拟合效果。结构方程模型分析的结果显示，个体使用数字设备时长、家长受教育程度和家长干预对学生的数字媒介素养均有一定的影响，其中家长干预的影响最强，家长受教育程度的影响最弱。该模型解释了28.9%的数字媒介素养的差异。

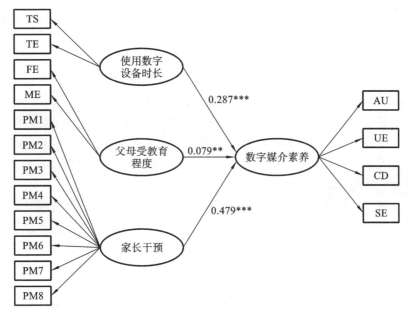

图3-3 个人和家庭因素与数字媒介素养之间的关系模型

注：TS为日均使用数字设备学习时长，TE为日均使用数字设备娱乐时长，FE为父亲受教育程度，ME为母亲受教育程度，PM为家长干预，AU为获取与使用，UE为理解与评价，CD为创造与传播，SE为安全与道德；$^{**}p < 0.01$，$^{***}p < 0.001$。

第四节 讨论

一、城乡小学生数字媒介素养的差异

在本研究中，我们发现中国小学生的数字媒介素养处于中等水平，其数字媒介素养平均得分为68.71分，得分在50～70分之间的学生比例为52%。这一发现支持了现有的研究结果。例如，余丽芹等发现，四

年级和五年级小学生的信息素养平均得分为67.61，处于中等水平。[51]同样，宋灵青等的研究也发现，我国初中生的数字素养处于中等水平，平均得分为72.83分。[52]Pereira和Moura指出，青少年的媒介素养在很大程度上仍处于较低的水平。[53]

在城乡差异方面，研究结果显示，城市小学生的数字媒介素养得分显著高于农村小学生。这一结果与之前的研究结果一致。例如，Liao等发现，城市学生的数字自我效能感得分高于农村学生1.337分。[54]Li等对广东小学生的研究也发现，农村小学生接受的信息技术教育的程度显著低于城市小学生。[55]同样，Kim等发现，在信息获取率相对较高的地区上学的学生往往具有更高的信息素养水平。[56]这表明，城市和农村学生之间的数字媒介素养确实存在差异，而且这一差异早在小学就开始表现出来了。

我们还发现，小学生在数字媒介素养上的表现是不均衡的（见表3-6）。小学生在"安全与道德"维度表现良好，得分接近80分；在"获取与使用""理解与评价"维度上的平均得分低于70分；在"创造与传播"维度表现最差，得分仅略高于60分。在城乡差异方面，城市学生在数字媒介素养的基础维度（即获取与使用、理解与评价）上的表现显著优于农村学生，但两类学生在高阶维度（即创造与传播、安全与道德）并没有显著差异。

第一，小学生在"安全与道德"维度得分相对较高，这与现有研究的结果一致。例如，余丽芹等发现小学四、五年级学生在信息社会责任

---

[51] 余丽芹,索峰,朱莎,等.小学中高段学生信息素养测评模型构建与应用研究——以四、五年级学生为例[J].中国电化教育,2021(5):63-69,101.

[52] 宋灵青,许林,朱莎,等.我国初中生数字素养现状与培育策略——基于东中西部6省市25032名初中生的测评[J].现代远程教育研究,2023,35(3):31-39.

[53] Pereira S,Moura P.Assessing media literacy competences: A study with Portuguese young people[J]. European Journal of Communication, 2019, 34(1):20-37.

[54] Liao P-A, Chang H-H, Wang J-H, et al.What are the determinants of rural-urban digital inequality among schoolchildren in Taiwan? Insights from Blinder-Oaxaca decomposition[J]. Computers & Education, 2016, 95:123-133.

[55] Li J, Huang X, Lei X, et al. ICT literacy, resilience and online learning self-efficacy between Chinese rural and urban primary school students[J]. Frontiers in Psychology, 2022, 13, 1051803.

[56] Kim H-S, Kil H-J, Shin A.An analysis of variables affecting the ICT literacy level of Korean elementary school students[J]. Computers & Education, 2014, 77:29-38.

方面表现良好，平均得分为76.79分。[57]同样，初中和高中学生在信息伦理和法律方面的得分更高。[58]He和Wu指出，绝大多数学生能够在使用媒介时表现得非常合乎道德规范。[59]因此，学生似乎具有较强的数字安全意识和能力，以及遵守社会道德、在法律范围内开展活动的能力。一个可能的原因是，在信息社会中我国高度重视对学生社会责任感的培养[60][61]，并取得了良好的效果。

第二，数字媒介素养的两个基础维度是获取与使用、理解与评价。本研究评估了学生获取媒介信息、使用媒介工具和批判性分析媒介信息的能力，这些都是指向学生的媒介知识、技能和意识的活动。小学生在"获取与使用"维度上的得分为65.96分，"理解与评价"维度上的得分为68.95分，为中等水平。在"获取与使用"维度，这一发现与之前的研究结果一致。宋灵青等发现初中生在数字知识和技能方面的得分为68.8分[62]，而余丽芹等发现小学生在信息知识和技能方面的得分为69.71分[63]。他们都认为，小学生在获取信息和使用数字工具方面处于中等水平。在"理解与评价"维度，本研究的发现挑战了以往的研究结果。例如，余丽芹等发现，小学生在信息意识和态度维度上表现良好，但本研究的数据分析结果并不支持这一结论。造成这种差异的可能原因是，在我们的研究中，对小学生的理解与评价的测量偏向于他们的批判性理解。这表明小学生已经形成了一定的获取、使用、理解与评价数字媒介工具和媒介信息的能力，但其发展仍未触及这些能力的核心，因此他们的数字媒介素养仍有提高的空间。

在城乡差异方面，城市学生在数字媒介素养的基础维度（即获取与使用、理解与评价）的表现优于农村学生。这一发现支持了以前的研究

---

[57] 余丽芹,索峰,朱莎,等.小学中高段学生信息素养测评模型构建与应用研究——以四、五年级学生为例[J].中国电化教育,2021(5):63-69,101.

[58] 杨浩,韦怡彤,石映辉,等.中学生信息素养水平及其影响因素研究——基于学生个体的视角[J].中国电化教育,2018(8):94-99,126.

[59] He X, Wu X. A Study on the Factors Influencing Media Literacy among Youth Students[C]. 2015 International Conference of Educational Innovation through Technology(EITT), 2015, 308-313.

[60] 马璇.小学生信息社会责任培养课程模式的研究——以A小学为例[J].中国电化教育,2022(11):129-134.

[61] 冯建军,蒋婷.让青少年成为网络社会的责任主体[J].中国教育学刊,2017(11):86-90.

[62] 宋灵青,许林,朱莎,等.我国初中生数字素养现状与培育策略——基于东中西部6省市25032名初中生的测评[J].现代远程教育研究,2023,35(3):31-39.

[63] 余丽芹,索峰,朱莎,等.小学中高段学生信息素养测评模型构建与应用研究——以四、五年级学生为例[J].中国电化教育,2021(5):63-69,101.

结果。郭绍青和华晓雨认为，与城市学生相比，农村学生对信息技术的使用认识不足，对设备的操作也不够熟练。㉔Li和Ranieri指出，来自农村学校的学生更有可能具有较低的数字接入和互联网使用水平。㉕同样，马超指出，城市青少年在媒介分析和评价方面的技能显著高于农村同龄人。㉖李毅和杨淏璇还认为，城市学生比农村学生更能批判性地获取信息、过滤无用的信息和处理信息。㉗虽然中国中小学在信息基础设施和数字资源方面的城乡差距正在缩小㉘，但这种数字鸿沟仍然存在。其中一个表现形式是，城市学生和农村学生在基础数字媒介素养水平上仍存在显著差异。造成这种现象的原因是多样的，包括学校、教师和家庭等多个层面。

在学校层面，虽然农村学校有一定数量的信息基础设施，但信息设施的维护成本较高，而农村学校缺乏稳定的财务保障。㉙这就导致这些设备的有效利用率较低。目前我国还没有开设专门培养学生数字媒介素养的课程，相关内容可能分散在语文、信息技术、道德与法治等课程中。与学生基础数字媒介素养最相关的课程可能仍然是信息科技课程，但农村学校并没有对此给予足够的重视，这导致农村学生在这方面表现不佳。此外，农村教师对信息技术知识的应用能力往往不足，利用信息技术进行教学的能力薄弱。He和Wu发现，与教师数字媒介素养相关的专业发展不足是中国基层数字媒介素养教育发展面临的主要障碍之一。㉚在家庭层面，农村地区的多数家长受教育程度较低，这导致他们缺乏对子女数字媒介素养发展的关注以及培养子女数字媒介素养的

㉔ 郭绍青,华晓雨.教育数字化转型助推城乡教育公平的路径研究[J].国家教育行政学院学报,2023(4):37-46,95.

㉕ Li Y, Ranieri M. Educational and social correlates of the digital divide for rural and urban children: A study on primary school students in a provincial city of China[J]. Computers & Education, 2013, 60(1):197-209.

㉖ 马超.数字媒体时代城乡青年的媒介使用与媒介素养研究——来自S省青年群体的实证调查[J].四川理工学院学报(社会科学版),2018,33(5):79-100.

㉗ 李毅,杨淏璇.城乡义务教育信息化发展的困境与对策[J].湖南师范大学教育科学学报,2022,21(3):97-108,114.

㉘ 陈纯槿,郅庭瑾.我国基础教育信息化均衡发展态势与走向[J].教育研究,2018,39(8):129-140.

㉙ 段晓芳,慕彦瑾."数字鸿沟"难填平:西部农村校信息技术教育之忧[J].中小学管理,2016(8):55-57.

㉚ He X, Wu X. A Study on the Factors Influencing Media Literacy among Youth Students[C]. 2015 International Conference of Educational Innovation through Technology (EITT), 2015, 308-313.

能力。为缩小城乡学生数字媒介素养差距，应努力提高农村学校信息设施的利用率，提升农村教师的信息技术水平，强化农村家长的数字化意识。

第三，城乡小学生在"创造与传播"维度上的得分均较低，二者的差异不具有统计学意义上的显著性。这一发现与以前的研究结果一致。例如，周蓉和田超发现，天津的中小学生在信息处理和共享方面仍有很大的改进空间，他们进行数字沟通与学习的复杂意识和能力较弱。[71]谭筱玲和陆烨在成都中小学开展的调查研究发现，小学生在社交和公众参与方面的应用指标较低。[72]这可能是因为，对于小学生来说，目前数字教育的重点是指导他们正确使用数字媒介，提高他们识别信息、控制时间和保护隐私的能力。[73]因此，更高阶的思维素养（如沟通、创造和传播）的培养，还没有得到常态化的开展。此外，《2021年全国未成年人互联网使用情况研究报告》相关数据显示，小学生使用各种类型互联网应用的比例低于未成年互联网用户的平均水平。小学生似乎还没有充分地探索互联网。未来的社会将是不断变化的，涉及人机共生，这要求人们在创造性发现和反思实践等能力方面具有较强的技能。[74]小学生在创造力和沟通方面的表现不佳，表现了他们缺乏数字时代所需的高阶思维技能。因此，在参与式文化背景下，我们需要注重小学生的批判性思维、创造力和参与技能的培养。于良芝和王俊丽还指出，由于信息技术和媒介的快速变化，信息素养教育必须从关注能力的获取转向能力的维护和应用。[75]在未来，我们需要丰富数字媒介素养教育形式，鼓励以多学科形式开展数字媒介素养教育，鼓励学生积极参与和创新。

二、个人和家庭因素对小学生数字媒介素养发展的影响

在本研究中，我们关注家长受教育程度、家长干预和个人使用数字

---

[71] 周蓉,田超.信息技术创新实践活动对提升中小学生信息素养的研究——以天津市为例[J].中国电化教育,2021(11):141-148.

[72] 谭筱玲,陆烨.中小学生新媒介素养教育核心路径研究——基于成都十二所中小学的实证调查[J].新闻界,2017(12):76-84.

[73] 中国互联网络信息中心.2021年全国未成年人互联网使用情况研究报告[EB/OL].[2024-01-20].https://news.youth.cn/gn/202211/t20221130_14165457.htm.

[74] 吴砥,王美倩,杨金勇.智能时代的信息素养:内涵、价值取向与发展路径[J].开放教育研究,2021,27(3):46-53.

[75] 于良芝,王俊丽.从普适技能到嵌入实践——国外信息素养理论与实践回顾[J].中国图书馆学报,2020,46(2):38-55.

设备的时长，将其作为城乡学生数字媒介素养差异的可能原因。在家庭层面，结果显示，城市学生的家长受教育程度和干预程度明显高于农村学生的家长。这一发现与之前的研究结果一致。例如，刘保中等发现，城市家长的受教育年限明显高于农村学生的家长，城市学生的家长对孩子的学业期望和日常照顾水平也明显高于农村学生的家长。[76]王平等也发现，城市学生的家长对儿童使用数字设备的态度更加积极，且会为儿童提供必要的教育性支持，这提高了儿童的数字媒介素养。[77]此外，城乡差异的产生也可能源于之前长期存在的城乡二元结构体制[78]，随着城市化和现代化不断推进，这种差异可能会在一段时间内持续存在[79]。这些经济和政治差异反映到教育领域，就表现为城市和农村家长受教育程度等方面的差异。此外，城乡家长干预孩子在线活动的行为在一定程度上是由他们的教育水平决定的，也会受到家长社会阶层的影响。因此，在家长干预方面，城乡学生之间存在更为明显的差异。

家长的受教育程度和家长干预对小学生的数字媒介素养有显著的积极影响。这一发现与以前的研究结果一致。一项针对巴西儿童的研究显示，家长的受教育程度越高，他们孩子的数字技能就越好。[80]我国台湾学者的一项研究也发现，家长受教育程度越高，学生的数字自我效能感水平也会越高。[81]家长干预对学生的数字媒介素养也有极其重要的影响。这一发现支持了之前的研究。Nikken和Schols认为，家长干预是培养和提升未成年人使用和解释媒介技能的关键策略，也是在防止媒介产生负面影响的同时促进积极结果的关键策略。[82]齐亚菲和莫书亮指出，积

---

[76] 刘保中,张月云,李建新.家庭社会经济地位与青少年教育期望:父母参与的中介作用[J].北京大学教育评论,2015,13(3):158-176,192.

[77] 王平,王婷,陈红.中国在地城乡儿童移动屏幕时间的父母调节研究[J].图书情报知识,2023,40(3):93-103,160.

[78] 黄超.教育期望的城乡差异:家庭背景与学校环境的影响[J].社会学评论,2017,5(5):65-78.

[79] 贺雪峰.如何理解现阶段中国城乡差距——兼与叶兴庆、李实商榷[J].社会科学,2022(6):137-145.

[80] Cabello-Hutt T, Cabello P, Claro M. Online opportunities and risks for children and adolescents: The role of digital skills, age, gender and parental mediation in Brazil[J]. New Media and Society, 2018, 20(7):2411-2431.

[81] Liao P A, Chang H H, Wang J H, et al. What are the determinants of rural-urban digital inequality among schoolchildren in Taiwan? Insights from Blinder-Oaxaca decomposition[J]. Computers & Education, 2016, 95:123-133.

[82] Nikken P, Schols M. How and why parents guide the media use of young children[J]. Journal of Child and Family Studies, 2015, 24(11):3423-3435.

极的家长干预有助于儿童培养批评媒介内容的能力。[33]Rodríguez-de-Dios等发现，积极的家长干预可能会对青少年数字技能的培养产生积极的影响。[34]

综上所述，家长的陪伴和指导可以有效地提高小学生的数字媒介素养。Liu和Wu发现，在网络使用上受到家长干预越多的孩子，其网络素养水平就越高（包括自我调节、反思和批判性分析）。[35]为提高小学生的数字媒介素养，促进数字媒介素养的均衡发展，有必要向受教育程度较低的家长提供帮助，并鼓励家长积极干预孩子使用数字设备的活动。受教育程度较低的家长应通过积极主动参加培训或独立学习，提高自身的数字媒介素养，为参与孩子的数字媒介活动奠定基础。虽然城市地区的家长能够通过数字设备为孩子提供更多的学习方式，但家长的监管行为总是以孩子的学习行为为中心的。[36]未来的研究可以聚焦学生的数字媒介素养对其学业成绩的积极影响，从而使家长更加意识到数字媒介素养的重要性。此外，家长要注意不要过度监督和控制小学生的数字媒介活动，正如之前的研究发现，过度监督和控制小学生使用数字设备的行为可能并起不到避免他们沉迷于网络的作用。[37]

在个人层面，研究结果显示，城市和农村学生使用数字设备进行学习的时间都多于用其开展娱乐活动的时间。这一发现与之前的一些研究结果不一致。例如，李艳等发现，中学生使用数字设备时花在娱乐活动上的时间多于花在学习活动上的时间[38]，而许琪也指出，中学生在使用互联网进行娱乐上的得分高于学习。[39]造成这种差异的一个可能的原因

---

[33] 齐亚菲,莫书亮.父母对儿童青少年媒介使用的积极干预[J].心理科学进展,2016,24(8):1290-1299.

[34] Rodríguez-de-Dios I,van Oosten J M F,Igartua J-J.A study of the relationship between parental mediation and adolescents' digital skills,Online Risks and Online Opportunities[J].Computers in Human Behavior,2018, 82:186-198.

[35] Liu Q X,Wu J Y.What children learn in a digital home: The complex influence of parental mediation and smartphone interference[J].Education and Information Technologies,2023,28(5):6273-6291.

[36] 王平,王婷,陈红.中国在地城乡儿童移动屏幕时间的父母调节研究[J].图书情报知识,2023,40(3):93-103,160.

[37] 黎藜,赵美荻,李孟."行之有效"还是"徒劳无功"——父母干预会降低孩子手机游戏成瘾吗？[J].新闻记者,2021(10):67-76.

[38] 李艳,赵乾翔,郭玉清.城乡中学生网络不平等现象探析——以南通市为例[J].中国电化教育,2012(9):117-123.

[39] 许琪.青少年互联网使用的两道数字鸿沟及其对教育不平等的影响[J].浙江工商大学学报,2023(2):145-158.

是，以往的研究是针对中学生进行的，而本研究是针对小学生进行的，不同年龄段的学生之间可能存在某种差异。另一种可能性是，使用数字设备进行学习对小学生来说已经变得很重要，而数字设备的学习功能甚至超过了它们的娱乐功能。此外，本研究发现农村学生使用数字设备学习的时长显著高于城市学生。这意味着农村学生有更强的使用数字设备进行学习的意愿，而数字化的学习资源对他们来说比对城市学生更重要。在未来的研究中，我们可以追踪那些花更多时间学习数字设备的学生是否提高了学业成绩。从这个角度来看，我们也可以探讨信息技术的发展是否有利于缩小城乡数字鸿沟的问题。

本研究发现，花在数字设备上的时间对小学生的数字媒介素养有显著的积极影响。学者们对这个问题抱有不同的看法。Appel发现，在校外（如在家中）使用电脑的时间与信息素养的高低呈正相关[90]，但杨浩等发现，中学生使用信息技术的时间越长，他们的信息素养水平就越低。[91]对于小学生来说，尽管他们接触数字媒介的时间很早，但他们仍处于建构数字经验的早期阶段，使用数字设备时间越长，经验越多，数字媒介素养水平就越高。随着网络学习的推广和普及，小学生使用数字设备学习的时间逐渐增加，这对于提高他们的数字媒介素养产生了积极的影响。然而，长期使用数字设备可能会产生负面影响，如近视、身体损伤和学习成绩下降[92]。虽然相关数据显示，提升日均数字设备使用时长对学生的数字媒介素养有积极影响，但有必要对此进行适当规范。

第五节 结论

本研究探究了城乡小学生的数字媒介素养水平现状与差异，以及个人和家庭层面的影响因素。整体上看，我国小学生数字媒介素养处于中等水平。具体来说，在"安全与道德"维度表现良好，在"获取与使用"维度处于中等水平，在"理解与评价""创造与传播"维度表现不佳。这说明，城乡小学生数字媒介素养总体水平仍有待提高，特别是在媒介信息的创造与传播方面。从城乡差异看，城市学生的数字媒介素养

---

[90] Appel M. Are heavy users of computer games and social media more computer literate?[J]. Computers & Education, 2012, 59(4):1339-1349.

[91] 杨浩,韦怡彤,石映辉,等.中学生信息素养水平及其影响因素研究——基于学生个体的视角[J].中国电化教育,2018(8):94-99,126.

[92] 张皓乙,胡南燕,宁满秀.农村青少年互联网使用时间对学业表现的影响——基于父母教养方式的调节效应[J].农业技术经济,2023(9):70-85.

整体上显著高于农村学生。在细分维度上，城市学生获取媒介信息、使用媒介工具和批判性分析媒介内容的能力显著高于农村学生。这说明农村学生需要努力夯实数字媒介素养基础，这样才能更好地适应数字时代。本研究还深入探讨了造成城乡小学生数字媒介素养差异的个人和家庭因素。我们利用结构方程模型探究了这些因素对小学生数字媒介素养的影响，结果发现家长受教育程度、家长干预和日均使用数字设备的时长对学生的数字媒介素养具有显著的正向影响，其中家长干预的影响最大。

我们的研究发现具有如下启示意义。第一，对小学生数字媒介素养整体水平的调查阐明了当前小学生数字媒介素养培养的不足之处以及在未来加强这方面培养的必要性。在提升小学生的基础数字媒介素养的同时，需要注意到发展其高阶数字媒介素养也是非常重要的。第二，对城乡小学生数字媒介素养水平的比较分析发现，农村学生需要着重夯实数字媒介素养的基础，如此才能更好地适应数字时代。第三，对影响小学生数字媒介素养水平的因素进行调查，为提高小学生的数字媒介技能提供了具体措施。实证分析发现，家长受教育程度与学生的数字媒介素养呈显著正相关。因此，对于受教育程度较低的家长，政府和学校应提供适当的帮助，如通过组织相关的课程或培训等，帮助他们形成正确的数字媒介观念，鼓励他们提升自身的数字媒介素养。

在本研究中，我们还发现，个人花在使用数字设备上的时间是影响数字媒介素养的一个重要因素。对于小学生来说，他们使用数字设备的时间越长，积累的经验就越多。然而，为了避免使用数字设备的负面影响，学校、教师和家庭应该适当地指导小学生使用数字设备。例如，教师可以开发各种数字教育活动并将其与学校课程结合。与此同时，学校需要注重数字媒介技能培训，以确保教师能够提供数字化教育。家长可以鼓励孩子在合理的时间内积极探索使用数字设备，但与此同时，也需要防止孩子过度使用或上瘾。

本研究发现，家长对学生的数字媒介素养影响最大，这意味着家长应注重孩子处理数字媒介信息的能力，并在他们使用数字设备遇到困难时提供帮助与支持。家长还应规定孩子使用数字设备的时间，以确保这些活动在安全和适当的环境中进行。未来的研究应使家长提升对数字媒介素养在孩子发展过程中的重要性的认识，并鼓励他们积极参与孩子的数字媒介活动，以提高孩子的数字媒介素养。

虽然本研究在城乡学生的数字媒介素养差异方面得到一些重要发现，但同时存在一定的局限性。首先，本研究没有考虑一些重要但未被观察到的因素，如数字设备的使用频率、学生的学习成绩、信息科技教师的教学水平等。其次，本研究主要根据参与者的自我报告来衡量他们的数字媒介素养，这可能无法排除某些主观因素的干扰。总的来说，我们的研究结果丰富了数字媒介素养的相关研究，检验了数字媒介素养的测评工具。它可用于评估四个特定维度的数字媒介素养，并借此识别影响城乡小学生数字媒介素养的关键因素。研究结果表明，为了帮助小学生在数字社会更好地生存，应进一步提高他们的高阶数字媒介素养。与此同时，需要重视城乡之间的数字鸿沟，尤其需要提升农村小学生的基础数字媒介素养以弥合这一鸿沟。

第四章 他山之石：数字媒介素养教育实践的比较研究

开展数字媒介素养教育的模式主要有两种。一种是显性的独立式课程，即专门的数字媒介素养课程，其以数字媒介素养的知识、方法、原则等为核心内容，在教学组织与实施方面与数学、科学等学校普遍开设的一般性课程基本一致；另一种是隐性的融合式课程，其通过将数字媒介素养的知识、方法、原则等融入具体学科的教学和考核目标来间接提升学生的数字媒介素养。以下介绍的所有案例课程均可归入这两类课程模式之中。

第一节 中小学阶段国内外数字媒介素养教育的优秀案例

一、美国媒介素养中心的媒介素养课程

美国媒介素养中心（CML）是在世界范围内具有影响力的媒介素养研究机构，其发布了众多媒介素养教育资源，供学习者学习和研究者参考，为美国媒介素养教育发展做出了重要的贡献。其中，"27 Media Literacy Activities for K-12 Classrooms"是美国媒介素养中心发布的27个媒介素养课堂活动，也是帮助教师实施媒介素养教育的有效参考资

料。同时，在美国媒介素养中心的官方网站（https://www.medialit.org/courses）上，也会不定期地更新一些媒介素养教育活动。这些媒介素养教育活动是由不同的教育教学研究人员设计的，供所有致力于开展媒介素养教育的研究者学习。接下来，笔者将对美国媒介素养中心的"27 Media Literacy Activities for K-12 Classrooms"和官网上一些其他媒介素养教育活动进行介绍与总结。

1. 教育活动内容的选择

美国媒介素养中心的媒介素养教育活动提出了五个核心概念，并从媒介受众和媒介生产者的角度出发，分别提出了五个关键问题。媒介素养教育活动基于一个或多个核心概念或关键问题展开。其中，五个核心概念指的是：所有的媒介信息都是被建构的；媒介信息是用一种有规则的创造性语言建构的；不同的人对相同的媒介信息会有不同的体验；媒介有自己内在的价值和观点；大多数媒介信息都是为了获取利益或权利。而关键问题是基于以上五个核心概念，分别从媒介受众和媒介生产者的角度提出的。这些核心概念和关键问题（见表4-1）构成了媒介素养教育活动的主要内容。

表4-1 美国媒介素养中心的媒介素养教育活动内容①

序号	关键词	关键问题：媒介受众	核心概念	关键问题：媒介生产者
1	创作者	谁创建了这条信息？	所有的媒介信息都是被建构的	我在创作什么？
2	形式	如何吸引我的注意力？	媒介信息是用一种有规则的创造性语言建构的	我的信息是否反映了对形式、技巧等的解读？
3	受众	不同的人如何理解这条信息？	不同的人对相同的媒介信息会有不同的体验	我的信息对目标受众有吸引力吗？
4	内容	这条信息代表或省略了怎样的价值和观点？	媒介有自己内在的价值和观点	我传达的内容是否有清晰的价值和观点？

---

① CML.CML's Five Key Questions and Core Concepts(Q/Tips)for Consumers and Producers[EB/OL].[2024-01-20].http://www.medialit.org/sites/default/files/QTIPS%20CHART_0.pdf.

续表

序号	关键词	关键问题：媒介受众	核心概念	关键问题：媒介生产者
5	目的	为什么要发送这条信息？	大多数媒介信息都是为了获取利益或权利	我是否有效地传达了自己的目的？

美国媒介素养中心选取创作者、形式、受众、内容和目的五个关键词，分别对媒介素养教育内容进行阐释。以五个核心概念作为媒介素养教育活动的核心内容，每个核心概念都有与之相匹配的、分别基于媒介受众和媒介生产者的关键问题，整个媒介素养教育活动围绕以上概念与问题展开。

其中，"所有的媒介信息都是被建构的"这一核心概念指的是我们通过媒介获取的信息都是由一定的媒介生产者建构而来的。从这一核心概念出发组织的媒介素养教育活动，重在培养人们的批判性思维。"媒介信息是用一种有规则的创造性语言建构的"这一核心概念指的是媒介信息的建构是有一定的机制与规则的，创作者通过不同的形式、技巧来达到吸引受众的目的。从这一核心概念出发组织的媒介素养教育活动，重点关注媒介生产者在创造媒介产品的过程中运用的形式与技巧。"不同的人对相同的媒介信息会有不同的体验"这一核心概念指的是针对从不同媒介中获取的相同媒介信息，不同的受众由于自身经历、教育背景和个人信仰等方面存在差异可能会有不同的理解。从这一核心概念出发组织的媒介素养教育活动，重点培养人们对媒介信息的获取与分析能力。"媒介有自己内在的价值和观点"这一核心概念指的是媒介有自身固有的价值与观点，而这将直接决定其向大众选择性呈现哪些信息与省略哪些信息。从这一核心概念出发组织的媒介素养教育活动，主要关注对媒介信息的解构。"大多数媒介信息都是为了获取利益或权利"这一核心概念阐释了创造媒介产品的目的与意义。从这一核心概念出发组织媒介素养教育活动，重在引导人们关注媒介背后的驱动力，对媒介保持批判与质疑的态度。

2. 教育活动的组织与实施

美国媒介素养中心围绕五大核心概念和关键问题来组织媒介素养教育活动（见表4-2），每个核心概念下有针对不同主题、不同年级的多种媒介素养教育活动，可以满足各个年龄段学生的学习需求。

表4-2 "27 Media Literacy Activities for K-12 Classrooms"具体内容的组织[②]

分类	主题	核心概念	活动名称	授课年级
解构	创作者	1	交换自己的虚拟形象	(2～4)
	创作者	1	谁给了海绵宝宝他的方形裤子	(3～6)
	创作者	1	美国的顶级模特们会怎么想	(9～12)
	形式	2	帽子呀	(K～3)
	形式	2	这个故事听起来怎么样	(6～9)
	形式	2	模型的制作	(9～12)
	受众	3	30种看待事物的方式	(2～4)
	受众	3	使用智能手机并不总是明智的做法	(6～9)
	受众	3	健康是在旁观者的眼里	(9～12)
	内容	4	借助"词云"从不同角度审视歌词	(6～8)
	内容	4	不仅仅是价格标签	(7～9)
	内容	4	关于"弗兰肯食品"的争论	(10～12)
	目的	5	谁租用了我的眼球	(3～12)
	目的	5	引导观众进入循环模式	(5～8)
	目的	5	绿色意味着什么	(10～12)
建构	创作者	1	DIY沙箱	(6～12)
	创作者	1	街头艺术智能	(7～9)
	创作者	1	生存还是毁灭?这是社交网络问题	(9～12)
	形式	2	当"卷轴"真的是"卷轴"的时候	(5～8)
	形式	2	故事出售	(10～12)
	受众	3	为大流行做好准备还是递上纸巾	(8～10)
	受众	3	海选《美国偶像》太空异形之地	(10～12)
	内容	4	地图上有什么	(4～12)

② CML.27 Media Literacy Activities for K-12 Classrooms[EB/OL].[2024-01-20]. http://www.medialit.org/sites/default/files/ML%20Moments%20Book%2027%20Final.pdf.

续表

分类	主题	核心概念	活动名称	授课年级
建构	内容	4	DIY僵尸启示录	(5~12)
	目的	5	史酷比会怎么做	(4~6)
	目的	5	映像建构者	(8~12)
	目的	5	透过电子眼镜	(9~12)

注：表中的K为幼儿园。

这些媒介素养教育活动主题广泛，而且有详细的组织与安排，教师可以快速、便捷地开展媒介素养教育，不需要做太多的准备，每个媒介素养教育活动都可以在15~20分钟内完成，也可以将媒介素养教育与英语、历史、科学等学科内容结合。以"27 Media Literacy Activities for K-12 Classrooms"为例，其在"解构"和"建构"两个部分共设置了27个主题丰富的媒介素养教育活动，对每个活动进行了详细的组织，包括背景、关键问题、核心概念、年级、材料和活动等，这些活动多以讨论、问答、角色扮演、媒介文本分析等方式展开。

这里以"Who Gave Sponge Bob His Square Pants?"（谁给了海绵宝宝他的方形裤子）③这一媒介素养教育活动为例进行说明。

（1）引入

除了给皮克斯的"大制作"配音的名人外，配音演员是好莱坞最不知名的人；然而，从《海绵宝宝》到《恶搞之家》再到《美食总动员》里的老鼠雷米，正是因为有了配音演员才产生了这些广为人知并深受喜爱的动画角色。

在这个媒介素养教育活动中，学生将会了解到创造一个动画角色需要什么。

（2）提示

必须有人在他出现之前创造这个角色！海绵宝宝是某个人想象的产物。

（3）关键问题

谁创建了这一信息？

（4）核心概念

所有的媒体信息均是建构的。

---

③ CML.27 Media Literacy Activities for K-12 Classrooms[EB/OL].[2024-01-20].http://www.medialit.org/sites/default/files/ML%20Moments%20Book%2027%20Final.pdf.

（5）年级

3～6。

（6）材料

DVD播放机、《海绵宝宝》电影DVD。

（7）活动

询问学生关于动画制作的知识，如动画是如何创作的、谁来决定角色的长相、角色会说什么、角色穿什么、他住在哪里、他的朋友是谁、你最喜欢的卡通人物是谁等；观看《海绵宝宝》DVD（视频中要出现汤姆·肯尼在演播室为角色配音的镜头，或者中央公园中与汤姆·肯尼有关的链接），讨论汤姆·肯尼在创建海绵宝宝这一角色中发挥的特殊作用，并问学生问题来评估他们对所看视频的理解程度，如汤姆·肯尼是谁、他是做什么的、汤姆·肯尼的声音对海绵宝宝这个角色有多重要、汤姆·肯尼和其他人是如何把海绵宝宝塑造成我们在屏幕上看到的这个角色的等。

二、英国的OCR GCSE（9-1）Media Studies课程

OCR（Oxford, Cambridge and RSA Examinations，牛津、剑桥和RSA考试局）是英国有影响力的资格认定机构，其为英国学习者提供了40多个科目的普通中等教育证书和高级中等教育证书，并提供450多种职业资格。OCR提供的资格证书可以让所有年龄和不同能力的人在学校、工作时或通过非全日制学习计划参与进来。同时，为了使学习者顺利获得这些资格证书，OCR还提供了专门针对各门学科的规范与课程，既可以满足教育者教学的需求，也可以满足学习者自主学习的需求。OCR GCSE(9-1) Media Studies就是由OCR组织提供的针对普通中等教育媒介素养资格证书的规范与课程。接下来，笔者将对OCR GCSE(9-1) Media Studies的媒介素养课程内容进行简单介绍与分析。

1. 课程内容的选择

OCR GCSE(9-1) Media Studies的课程内容主要分为五个部分，即媒介形式、理论框架、媒介语言、媒介再现和媒介受众（见表4-3）。其中，理论框架是对媒介形式、媒介语言、媒介再现和媒介受众这四部分内容的详细阐释说明。每个部分都有不同的研究对象，比如，制作音乐录影带和音乐杂志，研究乐高电影的广告，调查电视的社会文化背景、流派和观众吸引力等。

表 4-3 OCR GCSE (9-1) Media Studies 的课程内容及具体任务

主题	具体任务
媒介形式	认识几种不同的媒介形式
理论框架	对媒介形式、媒介语言、媒介再现和媒介受众四个主题进行详细阐释说明
媒介语言	理解媒介如何使用形式和惯例将不同的意义传达给受众
媒介再现	认识媒介如何描绘人物、地点、事件和议题等
媒介受众	学会定位受众以及分析受众对媒介产品的反应

由表4-3可知,不同的媒介研究主题有不同的含义和具体任务。其中,"媒介形式"是指具有信息传播功能的不同的工具与载体,OCR GCSE (9-1) Media Studies课程共讲授了9种不同的媒介形式,这一主题的任务是让学生认识几种不同的媒介形式。"理论框架"是对四个主要研究主题的详细阐释说明,让学生对OCR GCSE (9-1) Media Studies课程的结构有一个宏观的了解。"媒介语言"指的是媒介通过各种外在形式传递信息与意义,包括摄影、编辑、场面调度和配乐等。这一主题的任务是引导学生分析包装媒介产品的布局、字体、语言、图像、图形和色彩等,分析媒介创作者使用媒介语言为受众创造意义的方式以及使用对比鲜明的媒介语言与受众对话的方式。"媒介再现"指的是媒介有其内在的价值和观点,媒介创作者会根据不同的利益诉求,选择从不同的角度呈现不同的内容。这一主题的任务是引导学生认识到媒介创作者是如何选择性呈现某些元素和省略其他元素的,让学生通过分析音乐视频和广告中的性别刻板印象,来探究媒介创作者是如何对媒介内容进行建构而使其达到特定目的的。"媒介受众"是指使用媒介并受到媒介影响的广大媒介消费者。这一主题的任务是探究受众由于个人阅历、社会背景等方面的差异,对同样的媒介信息是如何定位的以及受众对媒介产品的反应如何。

2.课程内容的组织与实施

OCR GCSE (9-1) Media Studies为了指导教师和学习者顺利完成工作或学习计划,围绕媒介形式、媒介语言、媒介再现和媒介受众四个主题分别设置教学活动。每一个主题都有多个独立的教学活动,以便教师和学习者可以根据自己的计划灵活调整。这些教学活动分两年完成,其中第一年是对四个主题的初步学习,是打基础的时期,共39周;第二年，学习者将重新思考他们在第一年学习或分析过的领域，并对第一年没有学过的语境进行探索，起到巩固提高的作用，共32周。本研究以第一年前7周的课程内容（见表4-4）为例进行分析。

表4-4 OCR GCSE (9-1) Media Studies课程内容的组织[④]

授课时间	媒介类型	授课主题	学习任务
第一周	全部	"导论" "媒介形式概论" "理论框架导论"	・辨识九种媒介形式 ・反思自己对媒介产品的使用 ・了解 OCR GCSE(9-1) Media Studies课程结构 ・理解与应用理论框架分析媒介产品
第二周	报纸 杂志 网络	"介绍印刷和网络产品的媒介语言"	・分析媒介产品的布局、图形等 ・分析媒介创作者创造意义的方式 ・分析媒介创作者使用对比鲜明的媒介语言与受众对话的方式
第三周	电视 音乐视频	"视听产品媒介语言导论"	・分析媒介产品的摄影、编辑和配乐 ・认识犯罪剧的一般规则
第四周	音乐视频 广告与营销	"媒介表现概论"	・认识为何媒介生产者选择某些元素 ・分析音乐和广告中的性别刻板印象 ・理解视频和广告对现实的建构如何符合媒介创作者的目的
第五周	广播 视频游戏 网络	"媒介受众导论"	・辨认电视和广播中的"小众受众" ・讨论受众在面对各种媒介形式时是如何被动或主动的

---

④ Dynamic Learning.OCR GCSE (9-1) Media Studies Scheme of Work[EB/OL].[2024-01-20].https://my.dynamic-learning.co.uk/MyDynamicLearning.aspx.

续表

授课时间	媒介类型	授课主题	学习任务
第六周	音乐视频	"音乐录影带简介"	·从不同流派的音乐中比较媒介语言 ·理解音乐录影带的规范和惯例 ·分析音乐视频如何创建艺术家形象 ·分析音乐视频如何适应艺术家形象 ·讨论哪些社会群体在音乐中被低估了
第七周	音乐视频选择的产品	"布置音乐录影带：分析媒介语言异同"	·比较不同摄影、视频和演出视频 ·说明影片中使用的互文性

OCR GCSE(9-1) Media Studies 的每节媒介素养课都可以独立实施，每节课都有详细的组织，包括课程介绍、学习目标、教师的活动、学习者的活动和建议作业几个部分。其中，教师的活动和学习者的活动分别指出了教师和学习者在课堂中应完成的任务和目标，每节课都有与之对应的建议作业，可供教育者参考。这里以"第1年第1a周"的课程[5]为例进行说明。

(1) 课程介绍

"媒介形式概论"。

(2) 学习目标

辨识九种媒介形式；反思自己对媒介产品的使用；了解OCR GCSE(9-1) Media Studies 课程的结构。

(3) 教师的活动

要求学习者列出他们能想到的所有媒介形式，写下他们每周花费多长时间消费/使用这些媒介，与其他成员列表的信息做比较；解释九种媒介形式；让学习者根据他们认为的这些形式的重要性和影响力来给这些媒介形式排序，并解释原因；组织有关媒介形式的当代意义和影响的反馈和讨论。

---

[5] Dynamic Learning. Year 1 Week 1a[EB/OL].[2024-01-20].https://my.dynamic-learning.co.uk/MyDynamicLearning.aspx.

（4）学习者的活动

探索自己对九种媒介形式的认识，并反思自己作为媒介产品的消费者/使用者的角色；讨论九种媒介形式对于媒介产品的消费者/使用者的意义；想出九种媒介形式的首字母缩略词；对媒介研究课程的理论框架做笔记；将媒介术语和定义记录下来。

（5）建议作业

学习者分别说出他们最喜欢的三种不同的媒介形式，并解释原因。

三、加拿大 Media Smarts 开设的课程

Media Smarts 是加拿大的非营利性慈善组织，致力于推动数字和媒介素养的发展，其愿景是：培养青少年的批判性思维技能，使他们能够作为积极、知情的数字公民参与媒体工作。自 1996 年以来，Media Smarts 一直为加拿大的家庭、学校和社区开发有关数字和媒介素养教育的计划和资源，为成年人提供信息和工具，使他们能够帮助青少年发展参与媒体互动所需的批判性思维。接下来，笔者将简单介绍 Media Smarts 开设的 "Media Literacy 101" 课程。

1. 课程内容的选择

"Media Literacy 101" 课程和美国媒介素养中心的媒介素养课程类似，同样以核心概念作为媒介素养课程的主要内容，"Media Literacy 101" 课程的五个核心概念⑥指的是：媒介都是建构的；受众协商媒介的意义；媒介具有商业意义；媒介具有社会和政治影响；每种媒介都有独特的美学形式（见表 4-5）。

表 4-5 "Media Literacy 101" 课程的课程主题及具体含义

课程主题	具体含义
媒介都是建构的	媒介是由媒介创作者出于各种利益诉求而有意建构的
受众协商媒介的意义	不同的媒介受众由于文化背景、个人经历等的差异对同样的媒介信息可能会有不同的认识和理解

---

⑥ Media Smarts.Key Concepts for Media Literacy[EB/OL].[2024-01-20].https://mediasmarts.ca/digital-media-literacy/general-information/digital-media-literacy-fundamentals/media-literacy-fundamentals#key.

续表

课程主题	具体含义
媒介具有商业意义	创造媒介产品是为了满足不同的诉求和获取利益
媒介具有社会和政治影响	媒介包含有显性和隐性的具有社会和政治影响的信息
每种媒介都有独特的美学形式	不同的媒介有不同的表达形式和优缺点

具体来讲,"媒介都是建构的"指的是媒介创作者为满足不同的利益诉求、迎合不同媒介受众的需求,建构针对不同群体的媒介产品,这一课程主题重在培养人们对媒介的解构能力,引导人们认识到媒介均是建构之物;"受众协商媒介的意义"指的是由于不同的媒介受众有不同的文化背景、个人经历,因此他们对于同一种媒介产品可能会有不同的认识和理解,这一课程主题聚焦于对媒介受众的分析,引导人们认识到不同的媒介产品可能针对不同的媒介受众;"媒介具有商业意义"指的是媒介产品的创作是为了满足不同的诉求和获取利益,媒介背后可能隐含商业价值,媒介创作者创造媒介产品可能是为了激发媒介受众的购买欲,从而使媒介创作者获得商业利益,这一课程主题意在揭示媒介创作者的意图,引导媒介受众形成合理的媒介价值观;"媒介具有社会和政治影响"指的是媒介会传达显性和隐性的具有社会性和政治性的价值和意义,这一课程主题意在让人们认识到在与媒介接触的过程中,人们会潜移默化地受到媒介传达的价值观的影响,如刻板印象等,引导人们理性地看待这些影响;"每种媒介都有独特的美学形式"指的是不同的媒介有不同的表达形式和优缺点,通过不同媒介传达的信息可能有一定的差异,这一课程主题启发人们全面客观地看待媒介,认识到不同媒介的相同点与不同点。

2. 课程内容的组织与实施

"Media Literacy 101"课程围绕五大内容主题来组织,在课程开始前会有一节课专门介绍什么是媒介,重点向学生传授基本的媒介知识,为整个课程的进行打好基础。在系统介绍媒介的基本知识后,课程将按主题展开,每个主题下有一个教学活动。每节课都是在考虑学生身心发展特点的基础上来设计的,具有较强的可操作性,教师可以直接在课堂中开展媒介素养教育活动,不需要做太多的准备。具体的课程内容组织如表4-6所示。

表 4-6 "Media Literacy 101" 课程内容的组织[7]

课程	课程主题	授课年级	建议授课时长
1	什么是媒介	全部	无
2	媒介都是建构的	4~6	45~90分钟
3	受众协商媒介的意义	5~8	45分钟
4	媒介具有商业意义	5~8	45~90分钟
5	媒介具有社会和政治影响	5~8	45~90分钟
6	每种媒介都有独特的美学形式	4~6	45~90分钟

整个课程由六节课组成，每节课都紧紧围绕课程主题展开，包括概述、学习目标、课程准备与材料、教学过程、可选择的任务等，每一部分都有详细的阐释说明，有利于教师根据自身实际开展教学活动，且具有较强的灵活性。课程多采用讨论、问答等形式，注重对已有视频和文本的解构与分析，能够培养学生独立分析媒介文本的能力与技巧。这里以"Media are constructions"（媒介都是建构的）[8]为例进行说明。

（1）概述

在本课中，学生将观看一段介绍媒介素养关键概念（媒介都是建构的）的视频。然后，学生围绕一对麦片包装盒来探讨这一关键概念，并识别盒子所包含的不同元素和它们的用途。在一个可选择的最终任务中，学生将选择一个目标受众，并创建自己的麦片包装盒来吸引目标受众。

（2）学习目标

了解媒介都是建构的；确定媒介产品的建构本质及其组成部分；确定媒介创作者制作媒介产品的可能目的；通过设计面向特定受众的麦片包装盒来体现对"媒介都是建构的"的理解。

（3）课程准备与材料

数字投影仪或数字白板、麦片盒（其中至少有一个麦片盒的目标受众是儿童）。

（4）教学过程

首先，播放讲解视频"媒介都是建构的"。在视频的最后，让学生

---

[7] Media Smarts.Media Literacy 101[EB/OL].[2024-01-20].https://mediasmarts.ca/media-literacy-101.

[8] Media Smarts.Media Literacy Key Concepts Lesson 2: Media Are Constructions[EB/OL]. [2024-01-20].https://mediasmarts.ca/lessonplan/media-literacy-key-concepts-lesson-2-media-are-constructions.

思考"媒介都是建构的"是什么意思(这提醒我们任何媒介产品都是由某个人制作的),了解这些如何帮助我们理解媒介(我们可以看看媒介创作者所做的选择,以明白媒介创作者最终想要做什么)。

之后,大屏幕上展示作业:"分析网页、广告或视频,确定其所有的构成部分,以及各个构成部分是如何组合在一起的、媒介创作者的目的是什么。"

准备几盒面向不同受众的麦片(例如,面向儿童的麦片和面向成人的麦片),重复视频中的问题,并向学生解释麦片盒基本上是关于麦片的广告,目的是从其他麦片产品中脱颖而出,吸引可能购买它的人。

让学生辨认麦片盒的不同组成部分(确保学生把麦片盒子的每一面都看一遍,指出那些他们可能认为不是组成部分的东西,如麦片盒的颜色)。麦片盒上的组成部分一般包括商标 logo、与麦片相关的任何其他食物(水果等)的图片、配料表、赠品(奖品或麦片附带的玩具)、健康声明、宣传图片、标语、营养信息、活动、与其他媒介内容(如电视节目、电影)相关的链接等。

学生确定不同组成部分之后,讨论每个组成部分的目的,如使麦片在货架上显眼、使其看起来既有趣又健康、为孩子们创造一个吸引人的角色、让孩子们访问网站等(请注意麦片盒中的某些元素,如成分表和营养信息是法律所要求的,分析与其他元素相比,这些元素占比多大)。接着,让学生看第二个麦片盒,并经历同样的过程。引导学生思考另一个麦片盒在包装上做了哪些不同的选择以及为什么这样选择。

(5) 可选择的任务

回到课堂上所有构成麦片盒的元素的讨论,让学生选择一个目标受众(年幼的男孩或女孩、十几岁的男孩或女孩、成年的男人或女人),并创建自己的麦片盒来吸引这些目标受众。同时,学生可以向全班展示他们的麦片盒,并解释他们为什么做出这样的选择。

四、中国的"媒介素养教程三部曲"

中国少先队工作学会"十二五"课题组致力于研究我国小学生的媒介素养教育,2013年,广州市少年宫副主任张海波将其研究成果编辑成书,形成了"媒介素养教程三部曲"。该系列丛书分别针对小学生、家长和教师三大群体,出版了专门的《媒介素养(小学生用书)》《媒介素养(教师用书)》《媒介素养(家庭用书)》,阐明了媒介素养教育的重要性,并介绍了基本的媒介素养知识和技能,是国内最早经实践检验且具有可操作性的媒介素养教育教材。本文将对"媒介素养"系列教材进行分析，以呈现该教材的总体轮廓和概貌，实现对教材内容深入系统的解读。

1. 课程内容的选择

在课程内容的选择上，"媒介素养"系列教材围绕关键的媒介素养主题展开，其中《媒介素养（小学生用书）》包括"我们与媒介""了解媒介历史""认识媒介功能""学做好网民"四个课程主题；《媒介素养（家庭用书）》包括"'苹果世代'驾到""面对新媒介：父母的担忧""'媒介素养教育'：比登陆月球更重要的事业""问答录：家长'媒介素养教育'锦囊""技能篇：'媒介素养教育'亲子练习册"五个课程主题；《媒介素养（教师用书）》包括"理论研究""媒介知识与体验""媒介技能与实践"三个课程主题。具体如表4-7所示。

表4-7 "媒介素养教程三部曲"具体内容

课程系列	课程主题
《媒介素养（小学生用书）》	·我们与媒介 ·了解媒介历史 ·认识媒介功能 ·学做好网民
《媒介素养（家庭用书）》	·"苹果世代"驾到 ·面对新媒介：父母的担忧 ·"媒介素养教育"：比登陆月球更重要的事业 ·问答录：家长"媒介素养教育"锦囊 ·技能篇："媒介素养教育"亲子练习册
《媒介素养（教师用书）》	·理论研究 ·媒介知识与体验 ·媒介技能与实践

由表4-7可知，"媒介素养"系列教材在课程内容的选择上既体现了对媒介知识的重视，也注重对学生媒介技能和媒介态度的培养，在传授学生基本媒介知识的基础上，不断培养学生高阶数字媒介思维能力，提高学生的批判性思维能力、媒介分析和媒介运用能力等。

2. 课程内容的组织与实施

"媒介素养教程三部曲"在内容组织上按照从理论研究到媒介知识与体验再到媒介技能与实践的顺序编排，充分考虑学生的身心发展规律，实现循序渐进式的教育，在潜移默化中提高学生的媒介素养水平。

其在每一个基本的教学内容下设置一节或多节媒介素养课程，使学生认识不同的媒介形式，充分掌握媒介技能。以《媒介素养（教师用书）》为例，具体内容的组织如表4-8所示。

表4-8 《媒介素养（教师用书）》内容的组织⑨

篇	单元	章
上篇 理论研究	无	第一章 少先队媒介素养教育综述
		第二章 少先队媒介素养教育教学体系
		附录 广州少先队媒介素养教育调研
中篇 媒介知识与体验	第一单元 媒介基本知识	第一章 认识自己与媒介
		第二章 认识报刊
		第三章 认识广播
		第四章 认识电视
		第五章 认识动漫
		第六章 认识电子游戏
		第七章 认识广告
		第八章 认识电脑和网络
		第九章 认识手机和微博
	第二单元 媒介体验活动	第一章 活动目标
		第二章 活动准备
		第三章 准备事项
		第四章 活动设计
		第五章 活动总结及评价
下篇 媒介技能与实践	第一单元 媒介基本技能	第一章 我当小记者
		第二章 我当小主编
		第三章 我当小小播音员
		第四章 我当出镜小主播
		第五章 我做小美工
		第六章 我做新闻摄影师
		第七章 我来做广告
		第八章 我是网络信息小管家

⑨ 张海波.媒介素养(教师用书)[M].广州:南方日报出版社,2013.

续表

篇	单元	章
下篇 媒介技能与实践	第一单元 媒介基本技能	第九章　我的微博我做主
		第十章　玩转"媒介魔方"
		第十一章　有话我会好好说
	第二单元 媒介技能实践活动	第一章　活动目标
		第二章　活动准备
		第三章　来访活动的注意事项
		第四章　活动设计
		第五章　活动总结及成果展示

　　课程教学内容的实施由知识回顾、主题引入、主要知识、教学活动、教学总结五个部分组成，总计40分钟，每部分都有详细的内容、时间安排等建议，便于教师根据自身情况和学生实际情况灵活地开展课程。课程设置了较多的活动及讨论，注重引导学生在教师指导下开展媒介素养活动。笔者将以"我来做广告"⑩这一节课程为例进行介绍。

（1）教学目标

了解广告语的特点，体验自己创作广告的流程。

（2）教学建议

教学建议如表4-9所示。

表4-9　教学建议

实施	时长	内容/步骤	材料准备
知识回顾	5分钟	1.回顾上节课内容 2.作业分享	
主题引入	5分钟	活动：我猜我猜，我猜猜猜 1.请将广告语与商品连线，猜猜广告商品是什么 2.分组讨论，并讲出答案 3.将连好的广告语读一遍	PPT

---

⑩ 张海波．媒介素养（教师用书）[M]．广州：南方日报出版社，2013．

续表

实施	时长	内容/步骤	材料准备
主要知识	10分钟	认识广告语言的特点： 1. 简洁凝练 2. 明白易懂 3. 朗朗上口 4. 新颖独特，富有情趣 5. 主题突出	视频材料
教学活动	15分钟	活动：大家一起卖广告 1. 以圆珠笔、矿泉水、眼镜为广告商品，分组讨论所选取商品的广告语，插入情景剧，最后邀请小组上台一起卖广告 2. 通过广告创意活动，培养学生的再创能力及创新能力	一瓶矿泉水、一支圆珠笔、一副眼镜
教学总结	5分钟	1. 巩固知识点 2. 作业布置	

(3) 教学内容与环节

①知识回顾。

回顾新闻摄影的特点、拍照前应做的准备工作，以及简单的新闻摄影常识。

②主题引入。

首先，将广告语与商品连线，猜猜广告语的主角是谁。

我的名声是吹出来的　　　　　海飞丝
我要我的滋味　　　　　　　　高露洁牙刷
头屑去无踪，秀发更出众　　　伊利优酸乳
有渴望，没口渴　　　　　　　吹风筒
一毛不拔　　　　　　　　　　百事可乐

其次，分组讨论，并给出答案。如："我的名声是吹出来的"（吹风筒）；"我要我的滋味"（伊利优酸乳）；"头屑去无踪，秀发更出众"（海飞丝）；"有渴望，没口渴"（百事可乐）；"一毛不拔"（高露洁牙刷）。

最后，将连好的广告语读一遍。

③主要知识。

认识广告语言的特点。

首先，广告语言要简洁凝练，也就是抓住重点、简明扼要。广告语可以是单句也可以是对句。广告语的字数以6~12字（词）为宜，一般不超过12字。

其次，广告语言要明白易懂，也就是必须清楚简单、容易阅读、用字浅显，符合潮流，内容又不能太抽象，使受过普通教育的人能轻松理解。

再次，广告语言要朗朗上口，也就是语言要流畅，可读性强，能迅速抓住受众的眼球，并且容易记忆。

又次，广告语言要新颖独特、富有情趣，也就是表现形式要独特，可以用拟人手法、排比句型等，以求语言生动有趣、形象活泼。

最后，广告语言要主题突出。广告的主题是广告正文内容的高度概括，它所概括的广告主体和信息必须鲜明集中，让人们一看到就能理解广告要宣传的是什么。

④教学活动。

活动：大家一起卖广告。

活动目的：培养学生的创新创造能力。

活动要求：以圆珠笔、矿泉水、眼镜为广告商品，分组讨论所选取的商品的广告语，插入情景剧，最后邀请小组成员上台一起卖广告；通过广告创意活动，培养学生的创新创造能力。

⑤教学总结。

简要回顾本次课堂上的两个活动，再次梳理广告语的五大特点。

（4）作业布置

请在生活中找两则自己喜欢的广告语并记录下来；另外，自己选择产品或品牌，为它们创作广告语，在下节课向大家展示和分享。

五、国内外中小学数字媒介素养教育课程的特点

通过对美国、英国和中国已有的媒介素养课程内容进行分析，可以发现：这些媒介素养课程内容丰富，兼顾媒介知识、媒介能力和媒介态度，能够体现时代特点，充分考虑不同年龄段学生的身心发展特点，能够满足不同群体的教育诉求；课程内容多来源于学生的日常生活，注重批判与赋权；课程内容的组织多采用主题形式展开，围绕媒介素养核心概念设计教育活动。但同中有异，不同国家的媒介素养课程内容有不同的侧重点，总体而言，美国、英国和加拿大在开发媒介素养课程内容时注重培养学生的媒介素养技能和态度，包括批判性思维、媒介解构能

力、媒介信息获取与分析能力等，关注学生的综合发展；而中国的媒介素养课程内容注重在传授基本媒介知识的基础上，培养学生的基础媒介技能。

1. 内容丰富，兼顾媒介知识、媒介能力和媒介态度

对国内外已有的媒介素养课程内容进行分析，可以发现这些课程内容涉及多维度，兼顾媒介知识、媒介能力和媒介态度，致力于培养学生正确认识媒介、使用媒介以及与媒介共存的综合能力，可以满足不同年龄段学生的学习需求。媒介世界的丰富性必然决定了媒介素养课程内容的多维度，这些课程内容从与人们密切相关的媒介出发，将媒介知识、媒介能力和媒介态度贯穿于整个课程。其中，媒介知识是基础，媒介能力是关键，媒介态度是根本，从多维课程内容着手，潜移默化地培养学生的综合媒介素养。此外，根据不同年龄段学生的身心发展特征，设置具有针对性的媒介素养教育活动，如美国媒介素养中心的每个媒介素养课程主题下都有针对不同年级学生的教育活动，符合教育的循序渐进性和连续性要求。这种根据年龄段来开发课程内容的方式，能够高效地向学生传授可接受范围内的知识内容，符合一定的规律性。

媒介知识是媒介素养课程内容的基础。媒介素养课程应包括专业的媒介知识和生活化的媒介知识。专业的媒介知识主要指媒介认知和媒介使用方面的知识，这是媒介素养教育的基础。美国媒介素养中心的媒介素养课程包括创作者、形式、受众、内容和目的五个方面的媒介知识。英国OCR GCSE(9-1) Media Studies课程包括媒介形式、媒介语言、媒介再现和媒介受众四个方面的媒介知识。加拿大的Media Smarts并没有明确具体地介绍媒介知识，而是将其内嵌于媒介素养教育活动中。我国的"媒介素养"系列教材有专门的章节介绍媒介基本知识，包括认识自己与媒介、认识报刊、认识广播、认识电视、认识动漫、认识电子游戏、认识广告、认识电脑和网络、认识手机和微博等。这些媒介知识或是以讲授的方式直接呈现，或是贯穿于课堂教育活动中间接濡化。

媒介能力是媒介素养课程内容的关键。人们对于媒介素养教育有"能力说"和"教育说"等不同的界定，其中，持"能力说"的学者认为实施媒介素养教育的核心在于培养学生适应媒介化社会所要求的各种能力。关于媒介能力，已有媒介素养课程多是以媒介素养教育活动的形式培养，引导学生通过情景模拟、案例解析、文本分析和媒介生产等课堂活动来实践。美国媒介素养中心重在培养学生的媒介解构能力和媒介建构能力。这里的媒介解构能力，是指对现象世界的理解

和分析能力，能够正确认识真实世界与建构世界；媒介建构能力，是指能够独立或合作完成媒介产品创作、发表观点和参与社会舆论等的能力。英国 OCR GCSE(9-1) Media Studies 课程则围绕报纸、杂志、电视等九种媒介形式，通过媒介分析活动，如分析不同媒介产品的排版、字体、语言、色彩等，进行展示与探究、决策与分析，培养学生的媒介能力。加拿大 Media Smarts 采用讨论、问答等形式，注重对已有视频和文本进行解构与分析，培养学生独立分析媒介文本的能力与技巧。我国注重通过各种媒介实践活动，培养学生的媒介分析能力和媒介创作能力。

媒介态度是媒介素养课程内容的根本。媒介态度是指贯穿在媒介实践中的情感、态度和价值观，以及个人在媒介化社会中能够选择有意义的生活方式，实现终身学习，这是媒介素养课程的终极目标和核心旨归。媒介素养课程内容中涉及的媒介态度包括批判性思维、媒介伦理和文化关切等。批判性思维是最核心的媒介态度，它是一个包含质疑、批判与反思的综合性概念，要求学生理性分析与看待媒介世界和现实世界，认识到媒介都是建构之物；理解媒介背后的价值与意义，能够透过现象看本质。媒介伦理与道德、法治有关，涉及遵守网络公约、安全上网、抵制网络欺诈行为、规范网络用语等。随着新媒介时代的到来，手机、网络等成为人们生活中的重要工具，然而，网络的虚拟性和不可接触性潜藏着很多风险与问题，如个人隐私泄露、发表不实言论、肆意实施网络霸凌等，因此，媒介伦理应当成为重要的媒介素养课程内容。文化关切指的是对本土文化的继承与发展、保持文化自信等。在文化全球化的时代大背景下，文化交流和共享的机会越来越多，面对多元媒介文化的价值选择，应做到取其精华、去其糟粕，增强文化自信，充分发扬我国优秀传统文化，打造符合我国传统文化的媒介作品。

2. 联系实际生活，注重批判与赋权

英国教育家怀特海说过：教育只有一种教材，即生活的一切方面。[11] 媒介素养课程内容紧紧围绕与课程目标相关的直接经验和间接经验展开，着力建构可以实践的教学活动，充分调动学生的积极性和参与感。要提高学生的媒介素养，就要让学生在实际的媒介素养教育活动中，思考与分析各种媒介的异同、如何善用媒介以及如何与媒介和谐共存。美国媒介素养中心深入挖掘与学生日常生活密切相关的教学活动案例，通过文本分析、媒介解构、产品创造等实践活动，让学生在与同学或教师的交流中习得媒

---

[11] 马凤英,陈晓慧.小学生媒介素养教育课程内容设计研究[J].中国电化教育,2014(4):36-42.

介技能。在我国"媒介素养"系列教材中,对于小介(教材中的主人公)和其他同学在生活中遇到的媒介方面的问题与困惑,阿波老师都会给出标准的解答。这样的问答形式,不仅可以调动学生的好奇心和参与感,还可以提高学生的媒介知识水平和媒介技能。媒介素养教育活动多围绕学生在学习和生活中遇到的问题展开,包括如何辨别不良信息、如何与网友相处、如何合理使用媒介等。通过引导学生思考、讨论与实践,将生活中遇到的媒介问题巧妙地融于媒介素养教育活动中,实现在生活实践中学习媒介知识。

同时,媒介素养课程内容也实现了从以"保护主义"为主向注重批判与赋权的转变。20世纪30年代,印刷业的发展使得书籍、报刊等更为普及,人们一方面享受着城市化进程加快和生活水平提高的便利,另一方面受到了不良大众文化的影响。为了使人们免受消极内容的影响,必须培养社会大众对不良媒介文化的抵制与免疫能力。随着社会进步和人们意识水平的提高,媒介素养教育开始从单纯的媒介文化抵制转变为媒介批判与赋权。西方法兰克福学派将社会关注的重点引向意识形态方面。他们认为,包含媒介文化的大众产业潜移默化地向社会大众传递固有的价值观和意识形态,影响受众按照媒体的惯例和形态来处事。符号学派也倡导对大众文化进行解码与重构,他们认为,意义和信息不是简单地被传递,而是被有意识地生产出来的。[12]因此,实施媒介素养教育要求人们学会分析媒介产业背后的意义,对符号信息进行分析与批判。在新媒介社会,参与式文化逐渐兴起,媒介素养教育的目标开始转向培育人们合理利用媒介的意识,在媒介参与中培养有效获取和分析信息的能力以及完成简单的媒介产品创作的能力等。

事实上,我国的媒介素养教育也在很长一段时间内习惯过度保护,如严格限制学生使用手机和网络的时间、禁止手机进课堂、不鼓励学生阅读与课本知识无关的书籍等。虽然采取这些措施的初衷是保护青少年免受媒介的不良影响,但是也剥夺了学生自主辨别信息与批判性使用媒介的机会。这种试图通过减少媒介接触来保护学生的方式,无疑是得不偿失的。过度保护的教育范式忽视了人们对媒介环境复杂性的认识以及对学生使用媒介习惯的基本了解。我们知道,学生使用媒介主要出于两个动机:获取信息与沟通娱乐。学生在使用媒介获取信息与沟通娱乐的过程中,会不可避免地受到媒介的负面影响。然而,盲目地抵制学生对媒介的接触与使用,虽然在客观上可以降低媒介的消极影响,但也会触

---

[12] 约翰·斯道雷. 文化理论与大众文化导论[M]. 5版. 常江,译. 北京:北京大学出版社,2010.

发学生的逆反心理，违背了媒介素养教育的初衷。因此，我国的媒介素养教育应将媒介素养教育活动与人们的实际生活联系起来，培养公众的自主性和创造性。

  3. 按照主题组织课程内容，多角度审视媒介

  按照主题组织课程内容是一种充分调动学生主体性，引导学生实现综合发展的教学组织形式。媒介素养教育作为围绕人的活动进行的教育实践，其根本任务是促进人的社会化，即在媒介化社会中正确认识媒介、使用媒介、与媒介共存。这种按照不同的主题组织教学的教育方式，将整个教育活动分为相互衔接的几个部分，每个部分有不同的任务和目标，分别对应不同的媒介素养教育主题。各个主题都可以作为媒介素养教育活动的起点，单独开展教育活动，但各个主题并不是完全独立的，而是统一的有机整体，共同指向媒介素养教育目标的实现。媒介素养教育的主题既是重要的课程内容，也是媒介素养教育的目标，致力于培养学生从多角度审视媒介的能力。

  具体来讲，美国媒介素养中心设置了五大核心概念，分别指向创作者、形式、受众、内容和目的。每个主题都有不同的任务："所有的媒介信息都是被建构的"这一主题重在培养学生对媒介信息的解构能力，认识媒介世界与现实世界的区别；"媒介信息是用一种有规则的创造性语言建构的"这一主题介绍了媒介形式，引导学生选择合适的媒介进行自我表达；"不同的人对相同的媒介信息会有不同的体验"这一主题侧重于从受众角度分析媒介素养教育活动，即认识到受众有不同的价值观和潜在经验，能够自主协商媒介传达的意义；"媒介有自己内在的价值和观点"这一主题深刻揭示了媒介行业和媒介产制的内容与规则，引导学生思考为什么媒介组织选择呈现某些信息而忽视其他信息；"大多数媒介信息都是为了获取利益或权利"这一主题阐释了媒介权利拥有者创作媒介产品的目的，重在培养学生理性消费和创作媒介的能力。英国和加拿大的媒介素养课程内容也大多采用课程主题的方式组织，我国也有从理论研究、媒介知识与体验和媒介技能与实践等主题维度组织课程内容的经验。这些主题涵盖媒介知识、媒介能力和媒介态度，通过讨论、探究和实践等方式从多角度审视媒介，极大地丰富了媒介素养课程的内容。

  按照主题组织课程内容，明确了媒介素养教育的阶段性任务和目标，通过主题的确立来收集和编排课程内容，不仅便于学生学习，在实

际的教学过程中也容易被教师掌握。[13]由于缺少教育政策、教材和师资等的支持，媒介素养教育尚未列入正规的学校教育体系之中。以主题形式开展媒介素养教育活动可以打破学科界限，开发丰富的课程资源，每个主题下设置一节或多节媒介素养课程，不同的主题适用于不同的年级，具有较强的灵活性和自主性，有利于教师顺利实施媒介素养教育活动；围绕主题开展的媒介素养教育活动，通常采用问答法、讨论法、情景模拟法、文本分析法等，传授法不再是主要的教学方法，学生的主体性可以得到充分体现，学生在与同学讨论、自我反思的过程中逐渐提高对媒介的解构能力与分析批判能力。

第二节 大学阶段国内外数字媒介素养教育的优秀案例

在大学阶段，数字媒介素养教育主要以融合式选修课的形式开展，且由于学校、学科、专业等不同而在数字媒介素养课程的性质、教学内容、教学方式等方面有一定的差异，难以系统地归纳整理。本节主要从课程目标这一更具可比性的视角来分析国内外大学数字媒介素养教育的优秀案例。现代课程理论的开创者博比特认为，课程目标指的是学生需要掌握和形成的能力、态度、习惯、鉴赏和知识的形式。[14]我国课程理论专家廖哲勋教授提出，课程目标是一定教育阶段的学校课程力图促进这一阶段学生的基本素质在其主动发展中最终可能达到国家所期望的水准。[15]可见，将课程目标理解为学生通过课程获得的能力是一种被中外学者普遍认同的做法。

一、美国知名大学的数字媒介素养课程

为提升学生的数字媒介素养，培养学生适应数字社会的能力，美国知名大学开设了各类数字媒介素养相关课程，将数字媒介素养教育贯穿于全方位、多形式的教育活动之中，为学生提供针对性强的数字媒介素养教育，课程重点表现在注重批判性思维培养、注重提高学生的数字教育实践能力和数字技术使用能力。表4-10列举了哈佛大学、斯坦福大学等美国知名大学开设的数字媒介素养课程。

---

[13] 毕红梅.小学低段媒介素养教育课程资源开发研究[D].杭州:杭州师范大学,2012.
[14] 约翰·富兰克林·博比特.课程[M].刘幸,译.北京:教育科学出版社,2017.
[15] 廖哲勋,田慧生.课程新论[M].北京:教育科学出版社,2003.

表4-10 美国知名大学开设的数字媒介素养课程举例

学校	数字媒介素养课程简介	主要培养目标
哈佛大学	"数字人文概论"（Introduction to Digital Humanities） 本课程将介绍如何开展数字人文研究，传授如何利用数字工具辅助学术研究，介绍"数字人文"一词在不同学科中的内涵，介绍如何使用不同文件类型创建、收集、整合数据，声音、图像和视频同样成为数字化处理的研究对象	·数字人文内涵 ·数字工具使用 ·可视化文本分析
斯坦福大学	"数字媒体和个性化"（Digital Media and Personalization） 本课程将研究个性化技术背后的基本心理机制，研究大数据和机器学习技术在个性化技术开发中的作用，分析现代个性化技术的伦理问题。课程将介绍个性化技术如何、为何以及何时发挥作用，同时思考ChatGPT和Dall-E等生成式人工智能的广泛应用所带来的社会影响	·个性化技术使用 ·大数据与心理
宾夕法尼亚大学	"大数据与教育"（Big Data and Education） 本课程将介绍如何进行教育数据的挖掘和分析，学习教育数据挖掘、学习情况分析、大规模学习途径、建模和人工智能使用方法等，同时学习媒介使用方法，分析媒介在不同应用中的优缺点	·媒介使用 ·在线学习实践 ·教育软件使用
宾夕法尼亚大学	"在线和混合教学简介"（Introduction to Online and Blended Teaching） 课程将分析在线学习与传统学习方法的不同之处，介绍教育媒介的发展过程，回顾在线学习的历史，总结成功的在线学习的关键特征，介绍数字素养的相关理论知识，探究在线教育对学校教育的影响	·数字教育介绍 ·在线学习实践 ·教学环境设计

第四章 他山之石：数字媒介素养教育实践的比较研究

续表

学校	数字媒介素养课程简介	主要培养目标
康奈尔大学	"新媒体与社会"（New Media and Society） 课程介绍关键数字资源，有助于学生更好地了解新技术和通信形式的历史、其背后的经济原理、围绕其制定的政策，以及其所引发的社会文化变迁。课程旨在改变学生对新技术的传统看法，挖掘新技术对社会的深入影响	·开发数字工具 ·批判性思维 ·数字资源介绍
耶鲁大学	"人工智能及其应用简介"（Introduction to Artificial Intelligence and Its Applications） 课程为学生全面介绍人工智能，介绍通用人工智能的历史，探讨人工智能取代人类的可能性以及人们对人类可替代性的恐惧，并分析对"人工智能替代人类"持反对态度的相关观点。探究目前对人工智能的狭义定义和技术应用，包括深度学习、神经网络和机器学习等	·提高技术素养 ·批判性思维 ·信息技术运用
哥伦比亚大学	"生成式人工智能"（Generative Artificial Intelligence） 课程介绍普通语言模型和大型语言模型的基础知识，并详细介绍它们的建构方式，还介绍了有关深度学习、Transformers 和生成式预训练 Transformer（GPT）的相关内容。课程将探讨生成式人工智能对社会的影响，涉及人们对人工智能的偏见、人工智能面临的道德困境、引发的失业问题以及政府对人工智能系统的监管等	·数字工具使用 ·批判性思维 ·数字道德
约翰斯·霍普金斯大学	"数字时代学习中的新问题"（Emerging Issues in Digital Age Learning） 在本课程中，参与者将探讨互联网文化和数字化学习等话题，包括游戏、虚拟和增强现实、数字图书馆和数据库、大数据和数据挖掘等内容，并探讨如何使用社交媒体和数字工具来增强教学效果。同时，课程将探索新兴技术的使用及其与学校和组织的配合	·数字工具使用 ·在线学习实践 ·合作沟通

续表

学校	数字媒介素养课程简介	主要培养目标
加利福尼亚大学洛杉矶分校	"批判性数字媒体素养"(Critical Digital Media Literacies) 课程引导学生探讨数字社会如何为挑战霸权和促进社会转型提供机会，思考社交媒体发展背后的问题以及带来的危害。学生在学习该课程时，分析媒体的表达方式，质疑主流意识形态变化的过程，并学习反霸权的媒体表达方式。课程将文化研究和批判教育学的理论基础与新数字媒体技术以及传统的印刷传播手段相结合	·批判性思维 ·数字实践 ·数字社会文化
密歇根大学	"生成式人工智能要点：概述和影响"(Generative AI Essentials: Overview and Impact) 课程介绍大型语言模型和生成式AI工具，可以让学生了解生成式人工智能的基本要素，学习如何合乎道德规范地使用人工智能，探究生成式人工智能对使用者的影响，预设生成式人工智能的相关法律法规框架，讨论生成式人工智能对当前社会的影响及对未来的影响	·数字工具使用 ·批判性思维 ·数字道德
纽约大学	"数字艺术和新媒体"(Generative AI Essentials: Overview and Impact) 课程对互联网和其他新媒体平台上诞生的数字新媒体进行介绍。学生会在课堂上习得一系列经验和技能，如研究、写作、设计、电影、音乐、摄影、电脑游戏、表演、动画、计算机素养、软件知识、虚拟现实、增强现实和混合现实体验等。课程涉及新媒体的概念、内容策略以及理论和实践框架，让学生能够根据新媒体技能开发个人项目	·媒介鉴赏 ·数字工具使用 ·个性化技术使用

续表

学校	数字媒介素养课程简介	主要培养目标
纽约大学	"媒体素养和视觉文化：数字时代的艺术教学"（Media Literacy and Visual Culture:Teaching Art in a Digital Age） 本课程探索如何使用媒体和技术来加强课堂实践，致力于提升学生的媒体素养，并重点关注利用媒体来增强艺术课堂的授课效果。课程整合开发艺术类跨学科课程，学生可以思考并发现媒体和技术协助各领域创新课程开发的潜力。	·跨学科教育 ·数字教育实践 ·数字课程设计

美国高校的数字媒介素养课程重视培养学生的批判性思维。从学生个人发展的角度来看，数字媒介素养课程引导学生了解如何通过数字技术满足自身的数字需求，批判性地看待数字技术对个人发展所起的作用，帮助学生在网络上做出明智选择；从学生与社会的关系来看，数字媒介素养课程使学生认识到数字技术在现代社会中的重要性及其作用，引导学生以批判性的眼光看待数字技术的进步和数字社会的发展，对数字参与人类的生产和生活进行正确的价值判断和认知引导，促使大学生辩证地看待数字的作用，成为数字技术的主导者和先锋力量。

美国高校的数字媒介素养课程还重视培养学生的实践能力。这些课程对于学生实践能力的培养提出了较高的要求，重视运用数字媒介开展教学，引导学生学习运用新型数字技术，提高学生的数字设备操作能力。这些课程还要求学生结合数字技术开展数字教育实践，进行在线学习设计。因此，美国高校的数字媒介素养课程对学生实践能力的要求大于对理论阐述的要求，着力促进数字化教学方式变革，积极构筑数字化、全域化的教育体系，多措并举培养具有较强实践能力的数字人才。

二、英国知名大学的数字媒介素养课程

英国近年来也在持续开展数字素养教育的研究和实践。英国的数字媒介素养课程内容翔实、主题丰富、紧密结合时代热点话题，能够根据学生数字媒介素养发展需求进行课程设计。其课程特点突出表现在重视对数字媒介进行科普介绍、重视对数字教学设计实践能力的培养。表4-11列举了牛津大学、伦敦大学学院等英国知名大学开设的数字媒介素养课程。

表 4-11 英国知名大学开设的数字媒介素养课程举例

学校	数字媒介素养通识课程	主要培养目标
牛津大学	"教育硕士课程：数字和社会变革"（MSc in Education：Digital and Social Change） 课程介绍数字教育的关键概念，引导学生讨论如何利用技术进行学习，探讨社会正义与技术，分析技术在全球相关背景下有哪些争议，分析如何理解数字时代的社会发展以及数字社会对教育有何影响，分析教育技术的设计和开发会带来哪些好处、会引发哪些新风险和不可避免的冲突，探讨如何在学校内引入人工智能	·数字工具使用 ·批判性思维 ·数字道德 ·数字教育与创新
伦敦大学学院	"混合式在线学习设计"（Blended and On-line Learning Design） 课程旨在支持学生在在线教学和学习方面的创新，让学生了解混合学习和在线学习背景下的学习设计的本质，并掌握框架化对话学习的概念。课程提供了一系列数字工具和资源，包括免费的在线学习工具，帮助学生设计教学活动，并在学科教学中便于学生分享学习设计	·数字工具使用 ·在线学习设计 ·数字教学实践
爱丁堡大学	"数字学习环境简介"（An Introduction to Digital Environments for Learning） 本课程面向义务教育之后的教育领域的教师、开发人员和其他从业者，其介绍了在线模式对教育理论和教育实践的影响以及如何为学生创造支持高质量在线学习的机会和环境。在这个课程中，学习者会亲身体验数字学习环境，探索数字文化	·在线学习设计 ·信息获取 ·批判性思维
爱丁堡大学	"电子学习和数字文化"（E-Learning and Digital Culture） 课程借鉴媒体研究、文化研究和网络文化研究的相关理论来开展教育理论研究。在这个课程中，学生将探索数字文化出现的背景，研究如何将数字文化与学习文化、流行文化、虚拟社区思想相结合，考虑数字领域是如何改变人们对语言、身份、种族、性别和文化的理解的	·数字文化分析 ·批判性思维 ·数字工具使用

续表

学校	数字媒介素养通识课程	主要培养目标
曼彻斯特大学	"教育中的数字技术"（Digital Technologies in Education） 课程以数字技术在社会和教育中发挥的重要作用为出发点，考虑其对教育的影响。课程引导学生探讨相关教育理论以及数字化技术应用于教育领域时所产生的价值争论。课程以多媒体、数字游戏、虚拟和增强现实、移动设备或社交媒体等不同技术作为数字工具的例子进行分析	·数字工具使用 ·媒介鉴赏 ·数字教育实践
曼彻斯特大学	"数字媒体和信息素养"（Digital Media and Information Literacy） 课程帮助学生发展硕士水平学习所需要的有效个人信息素养，特别是在线信息搜索、学术写作和对公共领域中可用信息的评估，尤其关注广播媒体和社交媒体，如博客、维基、推特等。此外，课程还帮助学生在数字、媒体和信息素养领域开展相关且有效的教学实践	·数字工具使用 ·信息检索 ·数字教育实践
伦敦国王学院	"教育数字技术的最新发展"（Recent Developments in Digital Technologies in Education） 课程将介绍当前教育领域信息通信技术的发展，介绍计算思维及其对学习的重要性。课程引导学生了解计算机和互联网在其他学科中的学习方法、教学方法和课程的使用方法、教育软件的性质等，了解如何面对数字时代以及多媒体和社交网络软件等带来的全新影响。课程旨在介绍数字时代的教育，使用数字技术支持学生的学习，引导学生探究如何将计算思维作为个人基本技能	·数字技术鉴赏 ·数字教育介绍 ·跨学科思维

续表

学校	数字媒介素养通识课程	主要培养目标
伦敦国王学院	"高等教育中的生成式人工智能"（Generative AI in Higher Education） 课程介绍生成式人工智能的基本概念，探讨人工智能的重要争论和问题，介绍生成式人工智能在教学、学习和评估实践中的应用。课程还介绍了在快速变化的工作环境中，生成式人工智能对个人就业能力的关键影响	·跨学科思维 ·数字技术介绍 ·生成式人工智能
布里斯托大学	"数字文化和参与式学习"（Digital Cultures and Participatory Learning） 课程介绍了社会变革背景下出现的教学挑战和机遇，引导学生探究数字技术如何培育不同的知识者，思考数字技术的教学环境和知识形式。课程将为学生提供探索数字学习空间的机会，引导学生思考数字学习背景下出现的新的道德问题，思考学习者和教育者在接触数字文化时所面临的问题以及由此产生的创新发展基于，并思考数字技能较弱人群在学习中面临的挑战	·数字教育介绍 ·批判性思维 ·数字道德
利兹大学	"数字社会中的教育"（Education in a Digital Society） 课程介绍数字学习领域和更广泛的社会领域的关键问题、冲突和理论，引导学生思考对待数字发展的方式，了解数字化研究内容，探索数字工具在教育中使用的学习理论；同时，让学生用批判性的方法来讨论数字技术、数字社会和数字学习，探索数字时代的社会和文化	·批判性思维 ·数字文化与社会 ·数字工具介绍

续表

学校	数字媒介素养通识课程	主要培养目标
利兹大学	"设计数字教育"(Designing Digital Education) 课程介绍了开发数字教育资源时的教学设计原则,引导学生使用教学设计中的基本原则指导开发数字资源的实践;课程还设计、开发、评估数字资源,最终为教师提供可用于实践教学的数字教学资源。课程采用了一些关键方法来规划、设计、开发和评估用于教学的数字资源	·数字教学设计 ·数字工具使用
杜伦大学	"数字技术与教育:批判性观点"(Digital Technologies and Education: Critical Perspectives) 课程介绍了数字技术对教育实践的影响和数字技术的理论研究视角。课程引导学生对数字教育进行批判性理解,用不同的主题来探讨数字教育,验证数字技术的假设,增强数字体验,开展素养、技术课程设计,了解数字不平等情况以及数字教育的未来趋势	·数字教学设计 ·批判性思维
诺丁汉大学	"数字化未来的学习"(Learning in the Digital Future) 课程介绍了与数字化相关的尖端技术,介绍了技术支持不同学习活动的方式,关注人们如何利用技术进行学习,了解各种数字化学习的环境,为数字化学习设计和开发数字化学习环境提供参考	·数字技术介绍 ·数字教育实践

英国的数字媒介素养课程普遍对现代数字媒介进行了详尽介绍,这些课程种类丰富、覆盖面广,包括生成式人工智能、数字社交媒介、在线学习平台等各类各领域的数字技术和数字媒介。丰富的数字媒介介绍让学生在课程中对当代数字媒介有较为全面的认知,有助于学生融入数字社会,并根据不同的场景选择自己所需要的数字媒介辅助生产和生

活。在对数字媒介进行介绍的同时,大部分课程还注重对学生批判性思维和数字工具使用技能的培养。

此外,英国的数字媒介素养课程重视培养学生的教学设计能力。其重视结合数字媒介素养相关理论知识开展教学设计,引导学生在对数字媒介种类和功能有整体把握的基础上,选取适宜的媒介工具进行教学设计,探究数字教育在教学过程中的适用程度,尝试呈现适用性强、实践性强的混合式教学设计方案。课程对教学设计的强调,体现了数字技术发展服务于教育的跨学科趋势,有助于学生反思教学方式的变革和数字技术的应用技巧。

三、中国知名大学的数字媒介素养课程

中国数字技术的发展推动了数字课堂生态的演变,自"互联网＋教育"的理念被提出以来,人工智能、5G、大数据等技术极大地丰富了课堂教学的内容与形式,课程设计上也明显表现出教育数字化转型的趋势。大多数高校开设了数字媒介素养相关课程,以提高大学生的数字媒介素养。中国高校数字素养课程的突出特点为注重提升学生的信息检索能力,提高学生的学术水平。表4-12列举了北京大学、清华大学等中国知名大学开设的数字媒介素养课程。

表4-12 我国知名大学开设的数字媒介素养课程举例

学校	数字媒介素养通识课程	主要培养目标
北京大学	"电子资源的检索与利用" 课程主要介绍网络各类学术资源的检索与利用,让学生系统了解并较为熟练地掌握电子期刊、电子图书、多媒体数据库等电子资源的检索和使用方法,充分掌握在网上查找知识、分析应用和管理知识的技能	·信息检索 ·数字工具介绍 ·学术能力
清华大学	"信息素养——学术研究的必修课" 课程测试学生的信息素养水平,介绍文献信息检索的基础知识。课程从检索案例出发,引导学生探讨信息源的利用、检索方法与技巧,帮助学生利用参考工具检索各类数据与事实,做好知识与文献管理工作,利用现代技术与工具提高工作效率	·信息检索 ·数字工具使用 ·学术能力

续表

学校	数字媒介素养通识课程	主要培养目标
复旦大学	"信息素养与科学发现" 课程通过介绍学术信息查询与分析的路径，引导学生洞悉研究热点与前沿，梳理研究体系与分支、继承与创新，掌握自主选题的方法，了解经典原著和代表性文献的查询、管理与阅读方法，清楚学术规范与写作的基本要求，提高自主探究的能力，并将这些能力或方法迁移到各种学习或学术活动中	·信息检索 ·数字工具介绍 ·学术规范
上海交通大学	"信息素养与实践" 本课程旨在培养学生的信息素养与创新能力，即在当今信息技术快速发展、信息量无限膨胀和信息质量不确定的背景下，引导学生清晰地确定所需信息的范围，有效地获取和鉴别信息及其来源，熟练地将所获取的信息融入自身的知识体系，并在相关经济、法律和社会条件下，合理合法地获取和利用信息	·信息检索 ·批判性思维 ·数字工具使用 ·媒介鉴赏
武汉大学	"信息素养与实践" 课程以获得诺贝尔奖的典型案例和综合性信息素养案例为切入点，从信息检索、信息管理与评价，信息阅读，信息发布与展示，以及在网络社群中协同交流的能力等各方面培养学生的信息素养，同时引导学生利用有效工具建立个人知识管理体系，解决专业学习中的复杂信息问题，在具体情境中理解和运用信息素养	·信息检索 ·数字工具使用 ·学术能力
华中科技大学	"情报检索" 课程聚焦信息道德、信息需求、信息获取、信息评价、信息利用等多个方面，引导学生遵守学术道德与学术规范，帮助学生系统了解和掌握各类中、外文数据库的检索和使用方法，教会学生灵活运用文献管理软件辅助文献阅读和写作，启发学生综合利用各类文献提高自学能力和研究能力，全面提升学生的信息素养	·信息检索 ·数字工具使用 ·学术能力

中国高校数字媒介素养课程多注重以培养学生的信息检索和媒介运用能力来促进学生学术水平的提升,课程多由各高校图书馆设计。高校在开展数字媒介教育的过程中,注重数据库和检索媒介的建设。然而,对于大学生而言,学术资源的需求和数字媒介的应用之间存在明显的不对称现象,学生希望从数字媒介中检索有效信息以辅助学术研究,但缺乏必要的信息检索技巧,因此各高校将信息检索能力作为数字媒介素养课程的重中之重。这些课程多介绍数字媒介和数据库的使用方法,包括文献查找技巧、信息阅读媒介、信息管理方法等必要的学术研究技巧。

信息检索类数字媒介素养课程有助于提升大学生对数字信息的理解能力,帮助大学生在学术研究中识别、处理、应用数字信息,利用合适的数字媒介挖掘进行学术研究所需的文献信息。这些课程还注重培养学生的学术研究逻辑思维能力,以数字化教育指导学生进行自主探究。

四、国内外大学数字媒介素养课程的特点

通过对美国、英国和中国知名大学开设的数字媒介素养课程内容进行分析,可以发现:大学数字媒介素养课程设计紧贴时代前沿,重视数字时代下大学生的综合发展需求和学术研究需求;课程目标以学生为中心,结合学生的学业目标开展教学;课程内容兼顾媒介技能培养和数字时代的视野拓展,重视跨学科联系,将媒介技能融入不同学科知识,旨在提高学生的综合学术能力。同时,不同国家大学的数字媒介素养课程亦各有特点:美国和英国大学的数字媒介素养课程更注重在不同学科背景下培养学生的媒介能力,将数字媒介素养的培养与多学科相联系,如人工智能、社会学、新闻学等;同时,其课程重视对学生媒介视野和技能的培养,强调将数字媒介素养课程置于时代背景下,探讨人们在数字时代所面临的挑战和应对方式。我国大学的数字媒介素养课程更注重培养学生在学术导向方面的媒介能力,传授基本的媒介知识。

(1) 课程紧贴时代前沿,满足基础媒介需求

对国内外大学已有的数字媒介素养课程内容进行分析,可以发现数字媒介素养课程重视培养学生在数字时代的综合媒介能力。大数据规模巨大、内容繁杂,正在加速变革人们的思维方式、生活方式和学习方式,这要求大学生必须具备适应数字化、信息化社会的意识与能力。大学生有着适应数字社会的数字知识需求,这促使各国大学的数字媒介素养课程设计都意在培养大学生对数字社会和媒介使用的基本认知,帮助学生准确接收并处理网络信息,理性参与数字社会下的信息表达与传播活动。

第四章 他山之石：数字媒介素养教育实践的比较研究

大学数字媒介素养课程可以培养学生对数字社会的基本认知。数字社会改变了大学生的生活和学习环境，要求他们适应数字社会。获取、处理和利用信息的基本媒介素养能够影响大学生在数字社会的生存和交往能力。这些基本媒介素养也是大学生提高终身学习能力和顺利实现社会化的重要条件。数字媒介素养课程应对数字社会的特征和发展模式进行系统介绍，帮助大学生了解信息膨胀的时代现状，把握数字化脉络，适应社会发展的趋势。在大学现有的数字媒介素养课程中，课程设计重视提升大学生对数字社会的认识，同时重视引导大学生利用媒介工具应对数字社会带来的变化和挑战。美国康奈尔大学的"新媒体与社会"（New Media and Society）课程向学生介绍了数字媒体和信息技术如何改变社会、政治和文化格局，引导学生了解新技术和新媒介的发展历史，探究媒介发展背后的经济原理和政策，挖掘数字时代发展所引发的社会文化转变。英国利兹大学的"设计数字教育"（Designing Digital Education）课程介绍了数字学习和数字社会发展的关键问题和相关理论，引导学生探讨数字技术对教育和社会的影响，分析数字通信和社交媒体的时代特点。

学生对媒介工具的认识亦在数字媒介素养课程中得以提升。准确认识媒介工具的作用、主动挖掘多种形式的媒介工具，能够促使大学生更好地融入网络空间和数字社会，在学习和生活中提高网络参与度，加强数字媒介的辅助作用。媒介工具的高度发展使得信息数据的传播更加高效便捷，基于网络大数据信息开发的"翻转课堂""慕课""微课"等新兴教学方式也在自身不断的发展沿革中成为日常教学中的常见形式，因此，数字时代对大学生选取媒介工具和新型学习方式提出了新的要求，而数字媒介素养课程能够提升大学生对新型媒介的认识和运用。英国曼彻斯特大学的"教育中的数字技术"（Digital Technologies in Education）课程带领学生探索不同的数字技术，如多媒体、数字游戏、VR、社交媒体等，引导学生思考数字技术对多元化受教育者和教育环境的应用手段和价值，同时提升学生利用数字媒介进行学习的能力。我国上海交通大学的"信息素养与实践"课程引导学生将获取的信息融入自身的知识体系，并利用新信息开展实践活动，鼓励学生通过实际操作掌握相关技巧和方法，提高自身对数字媒介的认识和运用能力。

（2）课程呈现学段特点，满足学术研究需求

媒介不仅改变了人们获取信息的途径和方式，还丰富了信息的内涵。在大规模信息的冲击下，大学生需要高效地选取有用信息，满足该学段的学术研究需求，以较高的网络信息化水平提高自身的生存能力、

获得学术发展。目前,大学生利用网络学术资源的主动性不强,制作媒介信息的能力和水平还比较有限[16],未能充分利用相关媒介搜集学术资源。高校数字媒介素养课程能够满足大学生学术研究需求,提高大学生的媒介运用和信息检索能力,同时提高大学生的跨学科思考能力。

高校数字媒介素养课程重视培养学生的信息检索和筛选能力,以高效开展学术研究。传统的信息检索通常以图书馆和数据库资源为媒介。随着数字社会大数据和信息技术的发展,搜索引擎、电子数据库、学术软件等新型媒介的出现提高了学术资源的检索效率,有助于大学生在海量的学术信息中迅速查找和获取所需信息,与此同时,这也对大学生的媒介素养提出了新要求。因此,高校数字媒介素养课程将提高学术信息检索能力和媒介运用能力作为重要内容,帮助大学生有效利用新型媒介开展学术研究。北京大学的"电子资源的检索与利用"课程旨在介绍各类数字学术资源的检索与利用,让学生系统了解并熟练掌握电子期刊、电子图书、多媒体数据库等电子资源的检索和使用方法,让学生充分掌握在网上查找知识并分析应用、管理知识的技能。英国曼彻斯特大学的"数字媒体和信息素养"(Digital Media and Information Literacy)课程关注学生的学术素养,帮助学生发展硕士水平学习所需的个人信息素养,如在线信息搜索、学术写作、信息筛选等能力,并重视学生对广播和社交媒体的运用,如博客、维基、推特等。

为灵活使用新型媒介辅助学术研究,数字媒介素养课程还重视对学生跨学科媒介素养的培养。数字媒介素养的相关研究离不开其他学科的支持,具有跨学科、跨领域的特征。从数字媒介素养研究的渊源来看,这一研究领域是建立在传播学、教育学、心理学、社会学、语言学等学科基础之上的。[17]此外,新型媒介在开发和投入使用的过程中,受计算机、信息科学的影响较大;在数字媒介素养相关理论实践发展后,其又影响了人类学、政治学、金融学等学科的发展。因此,数字媒介素养所具有的跨学科性和综合性要求数字媒介素养教育也具有跨学科性,这为数字媒介素养课程研究的进一步发展提供了广阔的前景。目前大学开设的数字媒介素养课程呈现跨学科课程设计趋势,将数字媒介素养相关的理论和实践知识与信息科学、人工智能、教育学、传播学等领域的相关知识相结合,培养学生的跨学科研究能力,提高学生的数字媒介素养水

---

[16] 王莲华. 新媒体时代大学生媒介素养问题思考[J]. 上海师范大学学报(哲学社会科学版), 2012,41(3):108-116.

[17] 耿益群,徐玥. 近十年国外媒介素养课程研究的现状与发展趋势[J]. 中国电化教育,2014(12):31-37.

平，更好地将新型媒介与学生的个人研究领域相结合。美国宾夕法尼亚大学的"大数据与教育"（Big Data and Education）课程引导学生学习教育数据挖掘和分析的方法，研究教育数据收集和分析，学习建模和人工智能的使用，如学习 Python、RapidMiner 等软件。该课程将教育学和信息学内容结合，引导学生使用新媒介进行数据整合、收集、分析、处理，实现跨学科联系，推进学生学术研究能力的提高。英国伦敦国王学院的"高等教育中的生成式人工智能"（Generative AI in Higher Education）课程介绍了生成式人工智能的基本概念以及生成式人工智能在教学、学习和评估中的作用，指出了生成式人工智能对高等教育学科和学生素养要求的影响，探讨了在教育中运用生成式人工智能所面临的机遇与挑战。

（3）课程注重价值引导，满足信息分辨需求

21世纪，世界全面进入以经济全球化、信息网络化、社会知识化、教育终身化为社会特征的信息时代。[18]网络世界信息传播速度极快，信息承载量极大，并以新颖便捷的信息呈现方式吸引着大学生群体。大量信息涌入的背后，是多样化的价值观念和各种舆论声音，多元化网络信息和参与群体使得网络价值冲突日益加剧，网络意识形态之争也日益显著。大学生群体心智尚未成熟、社会经验相对欠缺，很容易在真假难辨的网络信息中迷失自我。因此，数字媒介素养课程应注重对大学生进行正确的价值引导，提高大学生分辨信息内涵的能力。

具体而言，大学生在数字社会环境中会产生价值混淆的问题，对于信息真假辨认不清。媒介所传递的内容是具有一定目的性的综合性描述，并非客观世界的真实映射，因此媒介本身的多元性、媒介使用者的不同目的均会导致媒介所传递的内容存在价值冲突。大学生对于信息真假的辨识能力较弱，容易轻信媒介传递的信息，形成错误的媒介使用观念。因此，大学生需要在信息洪流中具备辩证看待和理性开展媒介批判的意识与能力。媒介素养的一项重要能力即媒介批判能力，这不仅包括对传播内容的辨识能力，还包括对媒体影响有足够清醒的认识的能力。大学生应树立正确的媒介价值观和信息传播观，提高对媒介所传播信息的批判力，在信息社会中培养正确的媒介价值观。美国加利福尼亚大学洛杉矶分校的"批判性数字媒体素养"（Critical Digital Media Literacies）课程要求学生对媒介所传播的内容进行质疑，分析信息背后的价值导向，课程介绍了信息霸权主义的存在和危害，指出了数字时代社交媒体的多元化以及媒介用于监视、传播错误信息、误导群众等目的的可能性

---

[18] 刘新庚. 现代思想政治教育方法论[M]. 北京：人民出版社，2008.

和所带来的危害。英国爱丁堡大学的"电子学习和数字文化"(E-Learning and Digital Culture)课程介绍了数字文化对社会和教育的影响,强调了受众群体对于网络世界和媒介传播的依赖,通过对网络文化理论、文化和媒体研究的介绍,加强大学生对数字媒介传播内容的批判性认识。

第五章 远景展望：对数字媒介素养教育未来发展的思考与建议

我国青少年的数字媒介素养在整体上居于中等水平，他们具备一定的数字媒介知识，掌握借助数字媒介获取与使用信息的基本技能，能够对各种数字媒介中的信息做出简单的评价和判断。这与近些年国家大力推进教育信息化、实施教育数字化战略密切相关。2010年出台的《国家中长期教育改革和发展规划纲要（2010—2020年）》以专章的形式对"加快教育信息化进程"做了顶层设计，此后出台的《教育信息化十年发展规划(2011—2020年)》《教育信息化2.0行动计划》等一系列政策文件以行动纲领的形式推动了教育信息化进程的深入发展。国家互联网信息办公室发布的《数字中国发展报告（2020年）》指出，截至2020年底，全国中小学（含教学点）互联网接入率达100%，未联网学校实现动态清零，98.35%的中小学已拥有多媒体教室。这为我国开展数字媒介素养教育提供了良好的物理条件支持，增加了青少年学生接触与了解数字媒介的机会，直接或间接地推动了其基础数字媒介素养的发展，提升了其认知、获取、使用数字媒介信息的能力。

但与此同时，我国青少年学生高阶数字媒介素养仍较为薄弱，这包括批判性地分析数字媒介信息、积极地创作数字媒介内容、安全地参与数字媒介活动等方面的能力。这种结构失衡的发展是由多种因素导致的。第一，数字媒介素养课程尚不成体系。课程是学校教育的核心，但不同于英、美、日、加等国，媒介素养教育在我国并不是一门独立的学科，而主要依托信息技术课程以及图书馆活动，或融入语文、外语、道德与法治等独立学科之中来开展，在国家课程体系中的地位不高，这导致其在学校教育中长期得不到重视。由此形成的缺乏系统性的教育模式使得多数学生只能通过"东拼西凑"的学习方式来掌握关于数字媒介的基础知识和基本技能，而缺乏对高阶数字媒介思维与价值观念的培养。第二，缺少推进数字媒介素养教育的社会环境和组织机构。在升学压力影响下，"考试考什么，学生学什么"成为许多师生、家长乃至社会各界心照不宣的共识，而数字媒介素养教育显然与升学考试并不直接相关。这使得虽然数字媒介素养教育的重要性已得到广泛承认，却始终没有形成倡导数字媒介素养教育的社会环境，相关组织机构也因此无力推动数字媒介素养教育大规模开展。第三，教师、家长等教育主体有意回避教育中的数字媒介使用。一种具有代表性的观点是，多数学生缺乏足够的自控能力，以至于他们往往不能合理利用数字产品，并极易陷入信息迷航、网络沉迷的泥淖，因此要限制学生接触数字媒介。这虽然能在一定程度上降低学生被数字媒介"驯化"的风险，但同时也忽视了学生作为行动主体的自由意志，剥夺了他们提高数字媒介素养并在数字媒介环境中实现学习发展的可能性。

总之，虽然我国的数字媒介素养教育已经获得了一定的发展，取得了一定的成果，但其在课程体系建设、社会认同取得等方面还存在较大的发展空间，推进数字媒介素养教育仍任重而道远，还需要更多且更加深入的研究来探讨智媒时代下数字媒介素养教育的目标与理念、内容与方式等，如此才能系统推动数字媒介素养教育的实施，切实提升学生的数字媒介素养水平。

第一节 对数字媒介素养教育未来发展的思考

一、视角转向：由媒介赋能到媒介"去能"

数字媒介素养教育的关注视角在数十年的发展中几经变化：最初是强调保护人们免受媒介信息的负面影响，随后转向增强人们对媒介的甄别意识，之后又定位于培养人们自主参与媒介活动的能力。虽然这些视角侧重点各异，但其核心要义都是通过更新媒介认知、完善操作技能等，赋予个体在媒介化社会生存的能力。在特定时代背景下，媒介赋能的视角有其历史必然性与合理性，但是进入智媒时代以后，尤其是具备"创造力"的生成式人工智能出现后，仅凭赋能已不能适应人们媒介化生存的需要。数字媒介素养教育在培养学生连接媒介的能力的同时，客观上也在塑造学生依赖媒介的思维。对于仅具备呈现与传播功能的传统媒介而言，这种思维并不会产生严重的负面影响，反而可能在一定程度上拓宽了信息获取的渠道，但对于具备内容生成功能的智能媒介而言，这种思维则可能损害使用者的主体性，使其因过度赋能而失能。例如，由于人工智能具有远超一般人的知识储备与逻辑能力，在论文写作中使用人工智能的多数学生会满足于人工智能提供的方案与指导，而不自觉地抑制自身知识与思维的调用，长此以往将导致个体对人工智能的过度依赖，使得个体能力素养系统性退化。一些学者由此对人工智能是否会终结人类的理性思维、人类是否终将被机器替代产生了担忧。未来的数字媒介素养教育需要转向"去能"视角，突破对媒介信息获取、评价、使用能力的片面关注，再次明确"人"在数字媒介使用中的主体地位和主导作用，强调对数字媒介的合理批判与节制利用，警惕数字媒介技术对人的异化和奴役。

二、模式转型：从"纸上谈兵"到具身学习

数字媒介素养需要在具体操作中得到体现与提升，具有较强的实践性。联合国教科文组织及欧洲议会媒介素养教育问题咨询顾问莱恩·马斯特曼指出：媒介素养教育本质上是能动的、与人分享的，它鼓励一种更加开放的、民主的教学方式；它鼓励学生对自己的学习承担更多的责任，享有更多的支配权，鼓励学生参与课程提纲的安排和调整，鼓励学生以更长远的眼光对待和审视自己的学习；对于媒介素养教育来说，实践的批评和批评的实践两者缺一不可。[1]已有研究也证实，相较于"教师讲、学生听"的讲授式教学模式，将数字媒介素养教育嵌入媒介化生活场景中的实践性教学更能激发学生主动探究的兴趣，取得的效果也更好。[2]但现实中，我国现有的数字媒介素养课程主要依托语文、外语、道德与法治等课程，教学方式以教师讲授为主，较少开展实践活动，即使有也往往是脱离数字媒介实际使用场景的离线活动，无法帮助学生通过亲身体验具身地理解数字媒介知识、培养操作技能，容易使数字媒介素养的发展停留于表面。不过，随着数字媒介技术的迅速发展以及教育

---

[1] 宋小卫. 西方学者论媒介素养教育[J]. 国际新闻界, 2000(4):55-58.
[2] 王敏芝, 李怡萱. 学习数字化生存："数字移民"的社会适应与媒介支持[J]. 广州大学学报（社会科学版）, 2023, 22(1):148-159.

数字化的大力推进，未来的学校教育将能够在高度数字化的教学环境中进行，这为数字媒介素养课程的实践性教学创造了无限的可能。首先，数字媒介素养课程中的探究活动将不再局限于口头交流与讨论，每一位学生都可以利用移动网络终端亲身体验媒介信息的获取、使用与创作过程。其次，借助元宇宙与虚拟现实技术，学生将打破现实环境的束缚，在教师的引导下进入、浏览和探索涉及数字媒介使用的多元化、开放式学习场景，通过具体场景中的实际操作提升自己的数字媒介素养。此外，可以将人工智能设定为学生数字媒介素养发展的苏格拉底式导师[③]，借助人工智能所凝聚的古今中外不可胜数的人类知识，引导学生在一次次的对话、争辩、反思中拓宽媒介信息获取渠道，丰富媒介信息使用方法，提升评价和判断媒介信息的能力，主动提升自身的数字媒介素养。随着数字媒介技术的不断发展，数字媒介素养课程的实践性教学模式将进一步丰富。

三、评价升级：建立数字媒介素养评价体系

长久以来，如何真实有效地测量学生的数字媒介素养水平、评价数字媒介素养课程的效果，一直是数字媒介素养教育领域的难题。一方面，数字媒介素养是一个涉及多个学科领域的复杂概念，具有多样化的背景、目的和定义，这使得人们至今仍未形成一致的方法来评价它。[④]另一方面，数字媒介素养教育不仅要求学生掌握某些批评、判断媒介信息的手法和技巧，还要求学生增强独立自主地对媒介信息进行批评、判断的意识与能力。对于前者，人们可以通过书面测试、实操任务等方法直观地做出评价，但对于后者，鉴于其内隐性的特点，人们难以直接地施以测量并得到明确可比的结果。

从各国现行的测量与评价方式来看，纯粹的标准化测试被普遍认为不适用于测量学生的数字媒介素养水平及其提升效果，相较之下，综合性、过程性的评价模式更具可行性。例如，英国普通初级中学毕业文凭考试（GCSE）中的媒介研究（Media Studies）科目就采用了"书面考试+非考试评估"的形式，旨在全面评估学生对数字媒介内容的理解、评价和创作能力。美国的教育考试服务中心（Educational Testing Ser-

---

③ 苏格拉底式导师是一种教育理念，其核心在于通过提问和对话引导学生自主深入地思考，揭示真理和智慧的本质。这种教育方法源于古希腊哲学家苏格拉底，他通过对话和辩论的方式教学，强调批判性思维的重要性。

④ Hobbs R. Measuring the digital and media literacy competencies of children and teens[M]// Blumberg F C, Brooks P J(Eds), Cognitive Development in Digital Contexts(pp.253-274). San Diego: Academic Press, 2017.

vice，ETS）曾推出一种名为iSkills的数字媒介素养测试。它通过观察和分析受试者在多种虚拟场景中完成定义、评价、评估、管理、整合、创造、交流等七类任务的表现来评价他们的数字媒介素养。不过，需要指出的是，综合性、过程性的评价模式虽然能较好地评价学生的数字媒介素养，但实际操作难度较大，且需要投入较多的人力、物力等资源，难以大规模地长期开展。

在我国，数字媒介素养教育实践与研究起步较晚，符合我国教育实际的数字媒介素养教育教学评价理论和方法尚未建立和完善，广泛开展数字媒介素养评价的机制体制、规范标准与技术工具仍然缺乏。因此，如何建立有效且符合教学实践需要的数字媒介素养评价体系还需要未来的数字媒介素养教育工作者持续努力。

四、师资进阶：提升教师的数字媒介素养

数字媒介素养教育的目标、内容、教学方式等与数字媒介技术的发展紧密相连，随着技术的进步而不断更新迭代，具有很强的时代特点与动态特征。当下，以人工智能为代表的数字媒介技术呈现迅猛的发展势头，数字媒介素养教育的发展变化因此不断加速。这对具体实施数字媒介素养教育的一线教师提出了巨大的挑战。为有效培养学生的数字媒介素养，教师自身需要具备较高的数字媒介素养水平，并不断接触前沿的媒介知识与信息，学习掌握新兴的数字媒介技术，据此不断改进教学内容与方法。但是，当前我国有相当一部分教师的数字媒介素养水平仍停留在较低水平，存在主观轻视或抵触数字媒介技术、缺乏数字技术教学应用能力等问题。⑤此外，虽然数字媒介素养的相关培训已广泛开展，但由于培训课程类型单一、缺乏系统性与针对性、培训资源供给不平衡等问题的存在，教师的数字媒介素养并没有得到明显提升。⑥提升教师的数字媒介素养是落实数字媒介素养教育的前提与保障，未来我们需要加强相关政策引导，塑造教师对数字媒介素养的科学认知，建立健全服务于教师数字媒介素养提升的培训课程体系，助推我国教师数字媒介素养整体水平稳步提升。

---

⑤ 罗儒国.教师教学数字化转型的现实困境与纾解路径[J].电化教育研究,2023,44(12):102-107,121.

⑥ 周刘波,张梦瑶,张成豪.数字化转型背景下教师数字素养培育:时代价值、现实困境与突破路径[J].中国电化教育,2023(10):98-105.

第二节 对数字媒介素养教育未来发展的建议

一、协调顶层设计，营造有利于开展数字媒介素养教育的政策环境

国家政策是引领和规范各项社会事业发展的指挥棒。为使社会大众认识并认可开展数字媒介素养教育的重要性和必要性，首先要做的就是完善和协调教育政策的顶层设计，凝聚社会共识以共同应对媒介化社会带来的挑战。事实上，我国已出台多项相关政策文件，例如教育部于2018年印发的《教育信息化2.0行动计划》提出开展"信息素养全面提升行动"，要求"加强学生课内外一体化的信息技术知识、技能、应用能力以及信息意识、信息伦理等方面的培育"，旨在"推动从技术应用向能力素质拓展，使之具备良好的信息思维，适应信息社会发展的要求，应用信息技术解决教学、学习、生活中问题的能力成为必备的基本素质"。党的二十大报告提出"推进教育数字化，建设全民终身学习的学习型社会、学习型大国"，明确了数字媒介技术融入教育教学将成为未来教育的新常态，预示着与数字媒介交互的能力将成为未来师生有效参与教育活动的关键。

然而，过去的数字教育政策对提升师生数字素养的关注并不充分，相关内容多是附带提及，政策的主要内容关注的是如何把已有的数字技术应用到教育场景，存在重技术应用而轻人的发展、重技术功能而轻教育功能等不足。⑦为深入推动数字素养教育的开展，有效提升学生的数字素养，未来的数字教育政策制定过程中应当加强顶层设计，从数字素养培育的全方位、全流程出发，出台能够引导和支持教育场景创新、数字资源建设、国家数字教育平台建设、教师数字素养提升、学生数字素养培养、师生数字素养评估等的相关政策方案。此外，各相关部门在制定政策时要加强沟通，避免政策内容的相互冲突，减少数字媒介素养教育开展过程中的不必要内耗，方向一致地推动学生数字媒介素养的提升，为教师实施数字媒介素养教育创造良好的政策环境和顶层支持。

---

⑦ 袁振国.教育数字化转型:转什么,怎么转[J].华东师范大学学报(教育科学版),2023,41(3):1-11.

二、纳入国家课程体系,切实提升数字媒介素养教育的关注度与影响力

目前,我国的数字媒介素养教育还处在试验和摸索阶段,只有部分教师或专家学者在学校层次开展的校本课程得以实施,缺少国家层面的统一课程规划与教学质量要求。英国、美国、加拿大等数字媒介素养教育先行者的经验均表明,国家层面的规划与指导是数字媒介素养教育得以普及的核心推动力量。加拿大媒介素养教育之父约翰·J.庞杰特(John J. Pungente)在总结加拿大媒介素养教育的成功经验时指出,一方面,媒介素养应该是一种草根运动,教师应成为宣传和推广媒介教育的主导力量,另一方面,"官方的教育机构必须给予明确的支持,具体方法是,通过指令性的方式要求学校把媒介学习融入教学课程中,确定教学指导大纲和教材及教辅资料,保证课程有所改进,同时教学资料到位。"[⑧]为在学校中系统性地推进数字媒介素养教育,同时改变师生家长受应试思维影响而轻视数字媒介素养教育的观念,建议逐步将数字媒介素养课程纳入国家课程体系。首先,除在道德与法治、语文、外语等课程中进一步渗透数字媒介素养教育内容外,还可以在各个年级的信息科技课程中加入数字媒介素养教育的专题内容,并明确相关教学目标与学业质量要求,初步建构层次分明、前后衔接的数字媒介素养课程体系。其次,随着包括教育在内的社会各领域数字化的不断推进,可以适时考虑将信息科技纳入各级学校毕业生的学业水平考试,并将数字媒介素养作为该科目的重要考核内容,利用教育评价的指挥棒作用进一步推动数字媒介素养课程体系的发展与完善。在具体考核形式方面,可参考英国GCSE考试所采用的书面考试与创作数字媒介内容的非考试评估相结合的形式。

三、加强教师培训,打造一支具备较强数字媒介素养的教师队伍

要在全国范围内普遍开展数字媒介素养课程,数量充足、质量过硬的师资队伍是必不可少的。为此,首先需要重视对教师数字媒介素养的政策引导,以政策文件的形式明确教师数字媒介素养培育的基本标准、制度保障等,为教师数字媒介素养发展奠定良好的基础。其次,应全面开展教师数字媒介素养提升行动。对于一线教师,要充分发挥校长的领导作用,倡导校长带领在校教师科学认知提升数字媒介素养的重要性与

---

⑧ 张艳秋. 加拿大媒介素养教育透析[J]. 现代传播, 2004(3): 90-92.

必要性，着力营造鼓励数字媒介素养发展的浓厚氛围，充分利用借助"国培计划"、"全国中小学教师信息技术应用能力提升工程"、国家智慧教育平台教师研修板块等教育培训机会，合理制定教师数字媒介素养的培养规划与激励制度。对于师范院校的师范生，可以由院校积极联合校内外人工智能相关专业院系、科研院所、各级学校、高技术企业等，设立专项奖学金激励师范生主动提升自身数字媒介素养，同时开设贯穿师范生培养流程的数字媒介素养专项系列课程，并为学生提供丰富多样的实习机会和竞赛活动，通过活动中的具身学习切实提升未来教师应用数字媒介技术和教授数字媒介知识的能力。最后，应建立健全教师数字媒介素养评价体系，常态化开展教师数字媒介素养测评，及时了解中小学教师在数字媒介素养方面的优势和不足，并在此基础上为不同区域、不同学段的教师提供有针对性的资源支持与指导培训。

四、倡导多元主体参与，打造家校社协同的数字媒介素养教育模式

学校是开展数字媒介素养教育的核心阵地，但这并不意味着学校要承担数字媒介素养教育的全部责任。纵观国外数字媒介素养教育发展史，社会组织与家庭均在推进数字媒介素养教育事业的进程中发挥着重要作用。例如，加拿大安大略省的媒介素养协会推动了数字媒介素养教育内容正式融入学校教育课程；日本整合教育界和学界、民间团体、政府组织、企业界等多股力量，建构了以民间团体为主体、政府政策推动、企业界密切协作配合以及教育界与学术界支持的"社会行动者网络"，极大地推动了日本数字媒介素养教育的发展；美国通过立法保障家长参与子女的教育，并通过发放数字媒介素养教育相关资料与手册、邀请家长参与子女的数字媒介素养教育活动、为家长开设数字媒介素养教育课程等形式为家长的教育参与赋能。在具体实践中，我国数字媒介素养教育缺少社会与家庭的参与，这不利于数字媒介素养教育的深入持续开展。为此，我们建议国家充分利用社会大课堂，强化政策引导，动员更多社会力量投入数字媒介素养教育领域，通过开发课程、编写教材、组织活动、建设数字化教学资源等形式扩大数字媒介素养教育的认知度与影响力。对于家庭的数字媒介素养教育参与，我们建议在国家智慧教育平台开设网上家长学校，积极开发家庭数字媒介素养教育的指导资源，为家长介入子女的数字媒介素养发展提供支持与帮助。

五、深化教学研究，为数字媒介素养教育实践落地提供科学指导

数字媒介素养教育涉及教育学、新闻传播学、计算机科学、情报科学等多个学科领域，且随着数字媒介技术的发展而日新月异，这就需要多学科研究者共同努力、加以推进。首先，促使各相关学科领域的研究者对数字媒介素养的概念达成共识，为合作开展数字媒介素养教育研究创造公共话语空间。其次，高等学校、教育学术团体、教育科研机构通过主题研讨沙龙、学术论坛、学术会议等形式加强交流互动与协同创新，建构横纵贯通、内外合作的协同创新机制，结合我国社会和学生发展的实际需要，遵循教学原理和认知规律，科学建构具有中国特色的数字媒介素养教育规范标准与行动框架。最后，大力推进数字媒介素养教育相关的实践研究。虽然数字媒介素养教育这一概念已被引入中国近30年，但与课程开发、教学实践等相关的实践性研究仍不充分，大量研究属于理论或调查性质的研究，致力于介绍、分析国外数字媒介素养教育的具体做法与成功经验，或呈现我国国民的数字媒介素养水平。这一定程度上是数字媒介素养教育的跨学科属性导致的，因为很少有某一领域的学者能同时具备数字媒介技术和学校教育教学的知识，也很难拥有开展相关研究所需的庞大人力、物力资源。跨学科研究能够凝聚多方力量与资源，较好地支持实践性研究的开展，还能够有效解决开展数字媒介素养教育过程中的现实问题，推动数字媒介素养教育实践的深入开展。

参考文献

[1] 孙玮.媒介化生存：文明转型与新型人类的诞生[J].探索与争鸣，2020(6)：15-17，157.

[2] 周圆林翰,宋乃庆,沈光辉.中学生媒介素养测评模型构建与应用研究[J].中国教育学刊,2023(11):44-48.

[3] 祝智庭,胡姣.教育数字化转型的实践逻辑与发展机遇[J].电化教育研究,2022,43(1)：5-15.

[4] 袁振国.教育数字化转型：转什么，怎么转[J].华东师范大学学报（教育科学版），2023,41(3)：1-11.

[5] 李金城.媒介素养测量量表的编制与科学检验[J].电化教育研究,2017，38(5)：20-27.

[6] Quin R, Mcmahon B.Evaluating standards in media education[J].Canadian Journal of Educational Communication,1993,22(1):15-25.

[7] Hobbs R, Frost R. Measuring the acquisition of media-literacy skills [J].Reading Research Quarterly,2003,38(3)：330-355.

[8] 大卫·帕金翰,宋小卫.英国的媒介素养教育:超越保护主义[J].新闻与传播研究,2000(2):73-79.

[9] 倪琳.中国小学媒介素养调查及课程实施策略———一份来自上海的报告[C].传播与中国·复旦论坛媒介素养与公民素养论文集,2007

(12)：276.

[10] 曹宁燕,熊霞余.中小学媒介素养教育实践的调查与分析——基于中国知网的相关案例[J].中小学信息技术教育,2020(11):45-47.

[11] 陈晓慧,张哲,赵鹏.基于公民教育视域的我国小学媒介素养课程标准与目标设计研究[J].中国电化教育,2013(7):6-12.

[12] 吴靖,陈晓慧,张煜锟.小学媒介素养"晶体"课程评价及实践研究[J].中国电化教育,2015(2):12-20, 28.

[13] 张洁,毛东颖,徐万佳.媒介素养教育实践研究——以北京市东城区黑芝麻胡同小学为例[J].中国广播电视学刊,2009(3):33-34.

[14] 陈晓慧,王晓来,张博.美国媒介素养定义的演变和会议主题的变革[J].中国电化教育,2012(7):19-22, 28.

[15] 李传义.媒介化生存中大学生媒介素养教育的机制探索[J].教育理论与实践,2018,38(15):43-45.

[16] 刘庆庆,杨守鸿,包晗,等.融媒体时代高校研究生媒介素养教育探索[J].学位与研究生教育,2018(3):27-32.

[17] 李晓蕙.全媒体时代高校加强媒介素养教育的价值与路径[J].中国高等教育,2020(Z2):55-57.

[18] Peters J D.Speaking into the Air: A History of the Idea of Communication[M]. Chicago: University of Chicago Press,1999.

[19] 吉见俊哉.媒介文化论:给媒介学习者的15讲[M].苏硕斌,译.台北:台湾群学出版社,2009.

[20] 卜卫.论媒介教育的意义、内容和方法[J].现代传播,1999(1):29-33.

[21] 袁军.媒介素养教育的世界视野与中国模式[J].国际新闻界,2010,32(5): 23-29.

[22] 赵丽,张舒予.媒介素养研究热点及趋势分析——基于教育学、新闻学与传播学 CSSCI(2012—2013)来源期刊数据[J].电化教育研究,2015,36(5): 17-25.

[23] Buckingham D. Digital media literacies: Rethinking media education in the age of the Internet[J]. Research in Comparative and International Education,2007, 2(1): 43-55.

[24] 张倩苇.信息素养与信息素养教育[J].电化教育研究,2001(2): 9-14.

[25] Martin A. Literacies for the digital age: Preview of Part 1. In: Martin A. & Madigan D.(Eds.), Digital Literacies for Learning,2013, 3-25.

[26] Claro M, Preiss D D, San Martín E, , et al.Assessment of 21st century ICT skills in Chile: Test design and results from high school

level students[J].Computers & Education,2012, 59(3): 1042-1053.

[27] Gilster P. Digital Literacy[M]. New York: John Wiley,1997.

[28] European Commission. eLearning: Better eLearning for Europe Directorate General for Education and Culture[R]. Luxembourg：Office for Official Publications of the European Communities，2003.

[29] Martin A. A European framework for digital literacy[J].Nordic Journal of Digital Literacy, 2006,1,151-161.

[30] Meyers E M, Erickson I, Small R V. Digital literacy and informal learning environments: An introduction[J]. Learning, Media and Technology, 2013,38(4)：355-367.

[31] Park S. Dimensions of digital media literacy and the relationship with social exclusion[J]. Media International Australia, 2012,142(1): 87-100.

[32] Zhang H，Zhu C.A study of digital media literacy of the 5th and 6th grade primary students in Beijing[J]. The Asia-Pacific Education Researcher, 2016, 25(4)：579-592.

[33] Association of College and Research Libraries. Information Literacy Competency Standards for Higher Education[R]. Chicago：ACRL, 2000.

[34] 何高大."美国高等教育信息素养能力标准"及其启示[J].现代教育技术, 2002(3): 24-29, 78.

[35] 周圆林翰,宋乃庆.新时代高中生媒介素养的内涵辨析与测评框架建构[J].中国远程教育,2023,43(3):29-35.

[36] Hallaq T. Evaluating online media literacy in higher education: Validity and reliability of the digital online media literacy assessment (DOMLA)[J].Journal of Media Literacy Education, 2016, 8(1):62-84.

[37] 石映辉，彭常玲，吴砥，等.中小学生信息素养评价指标体系研究[J].中国电化教育,2018(8):73-77，93.

[38] Walters W H, Sheehan S E, Handfield A E, et al. A multi-method information literacy assessment program: foundation and early results [J].Libraries and the Academy,2020,20(1)：101-135.

[39] 李晓静，胡柔嘉.我国中小学生数字技能测评框架构建与证实[J].中国电化教育，2020(7)：112-118.

[40] 吴砥，李环，杨洒，等.教育数字化转型背景下中小学生数字素养评价指标体系研究[J].中国教育学刊，2023(7)：28-33.

[41] Reynolds R. Defining, designing for, and measuring "social constructivist digital literacy" development in learners: A proposed framework[J]. Education Tech Research Dev, 2016(4): 735-762.

[42] 袁振国.数字化转型视野下的教育治理[J].中国教育学刊,2022(8):1-6,18.

[43] 刘宝存,岑宇.以数字素养框架推动数字化人才培养[N].中国教育报,2023-02-27(005).

[44] 李玉顺,付苏豪,安欣.数字经济时代学生数字素养的培育——时代价值、理论建构与实践进路[J].中国电化教育,2023(9):27-33.

[45] 刘月,曾妮,张丹慧.教师数字资源利用的鸿沟现象及其弥合路径——基于一项全国性大样本教师数字素养调查的数据[J].中国电化教育,2023(10):106-110,119.

[46] 李杰明,武学超.OECD国家数字教育战略:范式、路径与走向[J].外国教育研究,2023,50(9):113-128.

[47] 李晓静,刘祎宁,冯紫薇.我国青少年数字素养教育的现状问题与提升路径——基于东中西部中学生深度访谈的NVivo分析[J].中国电化教育,2023(4):32-41.

[48] Pereira S, Fillol J, Moura P. Young people learning from digital media outside of school: The informal meets the formal[J]. Comunicar, 2019,27(58):41.

[49] 郑素侠.城乡青少年媒介使用的家庭环境差异及其影响因素——基于2013年度中国教育追踪调查(CEPS)数据的分析[J].现代传播(中国传媒大学学报),2015,37(9):144-149.

[50] Yu Y, Wu Y, Huang Z, et al. Associations between media use, self-efficacy, and health literacy among Chinese rural and urban elderly: A moderated mediation model[J]. Frontiers in Public Health, 2023,1104904.

[51] 李家新,谢爱磊,雷欣渝.大规模在线教学环境下教师"数字鸿沟"影响教师韧性的机理研究——基于粤港澳大湾区1556位城乡小学教师的调查[J].现代远距离教育,2021(6):65-76.

[52] 张靖,郭炯.农村中小学教师数字素养提升:价值意蕴、现实困境及策略探析[J].电化教育研究,2023,44(8):122-128.

[53] 高元先,朱丽.教育公平视野下城乡大学生信息素养差距的现状及对策[J].图书馆理论与实践,2013(8):27-29.

[54] 李晓静,刘祎宁,冯紫薇.我国青少年数字素养教育的现状问题与

提升路径——基于东中西部中学生深度访谈的NVivo分析[J].中国电化教育,2023(4):32-41.

[55] Li J, Huang X, Lei X, et al.ICT literacy, resilience and online learning self-efficacy between Chinese rural and urban primary school students[J].Frontiers in Psychology,2022,13,1051803.

[56] Lariscy R W, Reber B H, Paek H-J.Examination of media channels and types as health information sources for adolescents: Comparisons for black/white, male/female, urban/rural[J]. Journal of Broadcasting and Electronic Media,2010,54(1)：102-120.

[57] 张家军,程静.重庆市城乡小学生信息素养状况的调查比较[J].上海教育科研,2009(1):48-50.

[58] 杨浩,韦怡彤,石映辉,等.中学生信息素养水平及其影响因素研究——基于学生个体的视角[J].中国电化教育,2018(8):94-99,126.

[59] 余亮,张媛媛,赵笃庆."互联网＋"教学环境下初中生信息素养影响因素跟踪研究——基于学生个体和家庭层面的视角[J].现代远距离教育,2022(1):64-74.

[60] 散国伟,余丽芹,梁伟维,等.中学生信息素养的多层影响因素及提升策略研究[J].中国电化教育,2018(8):86-93.

[61] 蒋龙艳,吴砥,朱莎.中学生信息素养水平的影响因素及其作用机制研究[J].中国电化教育,2020(9):112-118.

[62] 宋灵青,许林,朱莎,等.我国初中生数字素养现状与培育策略——基于东中西部6省市25032名初中生的测评[J].现代远程教育研究,2023,35(3):31-39.

[63] Yang F, Zhang X. Focal fields in literature on the information divide: The USA, China, UK and India [J].Journal of Documentation, 2020, 76(2)：373-388.

[64] 赵宏,蒋菲,汤学黎,等.在线教育：数字鸿沟还是数字机遇?——基于疫情期间在线学习城乡差异分析[J].开放教育研究,2021,27(2):62-68.

[65] Lemphane P, Prinsloo M.Children's digital literacy practices in unequal South African settings[J].Journal of Multilingual and Multicultural Development, 2014, 35(7)：738-753.

[66] Lund B D, Wang T. Information literacy, well-being, and rural older adults in a pandemic[J]. Journal of Librarianship and Information Science, 2022(2), 318-329.

[67] Zhang H, Zhu C. A study of digital media literacy of the 5th and 6th grade primary students in Beijing[J]. The Asia-Pacific Education Researcher, 2016, 25(4):579-592.

[68] 余丽芹,索峰,朱莎,等.小学中高段学生信息素养测评模型构建与应用研究——以四、五年级学生为例[J].中国电化教育,2021(5):63-69, 101.

[69] Pereira S, Moura P. Assessing media literacy competences: A study with Portuguese young people[J]. European Journal of Communication, 2019, 34(1): 20-37.

[70] Liao P A, Chang H H, Wang J H, et al. What are the determinants of rural-urban digital inequality among schoolchildren in Taiwan? Insights from Blinder-Oaxaca decomposition[J]. Computers & Education, 2016, 95: 123-133.

[71] Kim H-S, Kil H-J, Shin A. An analysis of variables affecting the ICT literacy level of Korean elementary school students[J]. Computers & Education, 2014, 77: 29-38.

[72] He X, Wu X. A Study on the Factors Influencing Media Literacy among Youth Students [C]. 2015 International Conference of Educational Innovation through Technology(EITT),2015, 308-313.

[73] 马璇.小学生信息社会责任培养课程模式的研究——以A小学为例[J].中国电化教育,2022(11):129-134.

[74] 冯建军,蒋婷.让青少年成为网络社会的责任主体[J].中国教育学刊,2017(11):86-90.

[75] Li Y, Ranieri M. Educational and social correlates of the digital divide for rural and urban children: A study on primary school students in a provincial city of China[J]. Computers & Education, 2013, 60(1): 197-209.

[76] 李毅,杨淏璇.城乡义务教育信息化发展的困境与对策[J].湖南师范大学教育科学学报,2022,21(3):97-108, 114.

[77] 陈纯槿,郅庭瑾.我国基础教育信息化均衡发展态势与走向[J].教育研究,2018,39(8):129-140.

[78] 段晓芳,慕彦瑾."数字鸿沟"难填平:西部农村校信息技术教育之忧[J].中小学管理,2016(8): 55-57.

[79] 周蓉,田超.信息技术创新实践活动对提升中小学生信息素养的研究——以天津市为例[J].中国电化教育,2021(11):141-148.

[80] 谭筱玲,陆烨.中小学生新媒介素养教育核心路径研究——基于成都十二所中小学的实证调查[J].新闻界,2017(12):76-84.

[81] 吴砥,王美倩,杨金勇.智能时代的信息素养:内涵、价值取向与发展路径[J].开放教育研究,2021,27(3):46-53.

[82] 于良芝,王俊丽.从普适技能到嵌入实践——国外信息素养理论与实践回顾[J].中国图书馆学报,2020,46(2):38-55.

[83] Cabello-Hutt T, Cabello P, Claro M.Online opportunities and risks for children and adolescents: The role of digital skills, age, gender and parental mediation in Brazil[J].New Media and Society, 2018, 20(7): 2411-2431.

[84] Nikken P, Schols M. How and why parents guide the media use of young children[J]. Journal of Child and Family Studies, 2015, 24(11): 3423-3435.

[85] 齐亚菲,莫书亮.父母对儿童青少年媒介使用的积极干预[J].心理科学进展,2016,24(8):1290-1299.

[86] Rodríguez-de-Dios I, van Oosten J M F, Igartua J-J.A study of the relationship between parental mediation and adolescents'digital skills, Online Risks and Online Opportunities[J].Computers in Human Behavior,2018, 82: 186-198.

[87] Liu Q X, Wu J Y.What children learn in a digital home: The complex influence of parental mediation and smartphone interference[J]. Education and Information Technologies,2023,28(5): 6273-6291.

[88] 李艳,赵乾翔,郭玉清.城乡中学生网络不平等现象探析——以南通市为例[J].中国电化教育,2012(9):117-123.

[89] Appel M. Are heavy users of computer games and social media more computer literate?[J]. Computers & Education, 2012, 59(4): 1339-1349.

[90] 马凤英,陈晓慧.小学生媒介素养教育课程内容设计研究[J].中国电化教育,2014(4):36-42.

[91] 约翰·斯道雷.文化理论与大众文化导论[M].5版.常江,译.北京:北京大学出版社,2010.

[92] 约翰·富兰克林·博比特. 课程[M]. 刘幸,译. 北京:教育科学出版社,2017.

[93] 廖哲勋,田慧生. 课程新论[M]. 北京:教育科学出版社,2003.

[94] 耿益群,徐玥.近十年国外媒介素养课程研究的现状与发展趋势[J].

中国电化教育,2014(12):31-37.
[95] 宋小卫.西方学者论媒介素养教育[J].国际新闻界,2000(4):55-58.
[96] Hobbs R. Measuring the digital and media literacy competencies of children and teens[M]//Blumberg F C, Brooks P J（Eds），Cognitive Development in Digital Contexts（pp.253-274）.San Diego：Academic Press，2017.
[97] 周刘波,张梦瑶,张成豪.数字化转型背景下教师数字素养培育：时代价值、现实困境与突破路径[J].中国电化教育,2023(10):98-105.